Die Spaghetti-vongole-Tagebücher

Stefan Maiwald

Die Spaghetti-vongole-Tagebücher

Wie ich mit drei Kilo Pasta,
zwei Kisten Prosecco
und einem toten Fisch
von Venedig nach Triest fuhr,
um meine Schwiegereltern
zu beeindrucken

Styria
VERLAG

Teil II: Das Fest naht

Teil III: Das Fest

Anhang

Ein Mann,
ein Plan,
eine Reise,
ein gemeinsames Essen
– eine famiglia.

Hallo. Schön, dass ihr da seid!

Viele von euch haben schon einige meiner Bücher gelesen oder meinen Blog abonniert. Deswegen verzichte ich auf das formelle *Sie*, denn ich finde, wir sind eine *famiglia* geworden. Und das gilt besonders für ein Buch, das sich ganz wesentlich ums Essen und Trinken dreht. Denn an einem gemeinsamen virtuellen Tisch zu sitzen, erfordert doch geradezu eine gewisse Vertrautheit, ja Freundschaft. Nun gut, auch Ribbentrop und Stalin saßen zusammen am Tisch, aber Ausnahmen bestätigen ja die Regel.

Ich lebe in Italien, und meine Frau ist Italienerin. Nach vielen Jahren hier unten verstehe ich ein bisschen was vom Essen und vom Trinken. Nicht so viel, dass ich allen damit auf die Nerven gehe, aber ich würde mich auch für italienische Verhältnisse als guter Durchschnitt am Herd bezeichnen. Ich bin kein Massimo Bottura[1], aber ich weiß, dass Spaghetti schön al dente gekocht werden sollen und dass die Pasta zur Sauce muss, nicht umgekehrt.

Bloß glaubt mir das keiner. Denn Italiener, man kann es nicht anders sagen, hängen an ihren Klischees und lassen sich ungern davon abbringen. Wenn eine deutsche Mannschaft gegen eine italienische Mannschaft gewinnt (was, zugegeben, nicht sehr häufig passiert), ist in der *Gazzetta dello Sport* sofort von »Panzern« die Rede, die das eigene Team »überrollt« hätten. Und wir Deutschen sind nun einmal für unsere Pünktlichkeit, unseren Ordnungssinn und unsere vermeintlich barbarische Küche bekannt. Und all das gilt auf der Insel Grado

1 Drei Jahre hintereinander (2020, 2021, 2022) wurde er zum besten Koch der Welt gewählt und machte Schluss mit diesem unsäglichen Skandinavien-Hype, der uns geröstete Fichtenzweige und, kein Witz, ein fettiges Stück Fleisch mit lebenden (und mitzuessenden) Ameisen bescherte.

Italienern sind Menschen suspekt, die die Kochzeit der Spaghetti mit einer Stoppuhr überprüfen.

genauso für Österreicher. (Das Wort *tedeschi* meinte nämlich einst uns alle: Deutsche, Österreicher, Ungarn, Polen, Tschechen.)

Das stört mich schon seit Jahren. Obwohl ich beispielsweise meinem Schwiegervater schon köstliche Pasta alla busara zubereitet habe – so ganz traut mir meine Familie nicht. Das spüre ich nicht nur, das wird mir auch gesagt. Es fängt schon mit der Präzision an: Italienern sind Menschen suspekt, die die Kochzeit der Spaghetti mit einer Stoppuhr überprüfen. Ich kalkuliere sogar die fünf Sekunden ein, die ich vom Herd bis zum Nudelsieb in der Spüle brauche. Meine Frau Laura schaut nicht auf die Uhr, meine Schwiegermutter erst recht nicht.

Sie haben mich über Jahre herausgefordert, und das haben sie jetzt davon: Ich werde alle konsequent bekochen! Am Ende des Sommers habe ich Geburtstag. Da nahezu meine gesamte italienische Familie zu Beginn des Sommers Geburtstag hat, ist bei aller Feierwütigkeit immer schon etwas die Luft raus, wenn ich dran bin, wie überall nach einer allzu langen und heißen Saison. Meist feiern wir im kleinen Kreis. Klein, das heißt zwölf bis fünfzehn Gäste. Familie eben.

Sie sind dann alle schon ein wenig müde, außerdem können sie aus Höflichkeit nicht einfach absagen und müssen wohl oder übel essen, was ich ihnen vorsetzen werde:

ihre Lieblingsgerichte aus dem Veneto und dem Friaul[2], denn sie stammen aus der erstgenannten und leben in der letztgenannten Region. Wer meinen extrem kritischen Schwiegervater kennt, weiß, welche Herkules-

2 Ja, ich weiß, liebes italienisches Fremdenverkehrsamt, der offizielle Name der Region ist Friaul-Julisch Venetien, ein Name, den ihr trotz seiner Sperrigkeit überall durchzuboxen versucht. Aber meine Leser:innen und ich, wir wissen schon, was gemeint ist.

aufgabe ich mir da vorgenommen habe. Denn mein Schwiegervater besitzt eine mächtige, nicht zu erlernende Gabe, die natürliche Autorität heißt, eine echte Superkraft. Ich könnte dafür viele Beispiele nennen, aber eines soll hier genügen: Kurz vor unserer Hochzeit kam mich meine italienische Familie in München besuchen. Ich führte sie in ein zünftiges Wirtshaus, mein Stammlokal, in dem ich von jeder Bedienung die Lebensgeschichte kannte (und sie alle die meine). Ja, ich möchte fast sagen, wir waren kumpelhaft verbunden. Doch an jenem Abend – wir saßen an einem Achtertisch – hatte keine der Bedienungen Augen für mich. Sie wandten sich ausschließlich an meinen Schwiegervater, obwohl der weder am Kopfende saß noch ein einziges Wort Deutsch sprach, geschweige denn das humorvolle Bayerisch auf der Speisekarte lesen konnte. Doch mein Schwiegervater scherzte und radebrechte, und bald standen alle um ihn herum, erklärten ihm mit viel Liebe und in München gelerntem Küchenitalienisch die ungefähren Zutaten der jeweiligen Gerichte. Ja, sie schäkerten regelrecht mit ihm, während an den Nebentischen schon gemurrt wurde, weil andere Bestellungen vergessen und hintendran geschoben wurden. Es fehlte nicht viel, und die ganze Brigade hätte meinen Schwiegervater um ein gemeinsames Foto gefragt. Übrigens hat er die Bestellungen für den ganzen Tisch aufgegeben.

Abgesehen von seiner Autorität: Mein Schwiegervater ist in kulinarischen Dingen eine echte Herausforderung. Erstens versteht er wirklich viel vom Essen und Trinken und tut nicht nur so. Er schmeckt präzise Gewürze heraus, die ich nur dumpf erahnen kann, wenn ich sie überhaupt wahrnehme.

Aber wenn mein Schwiegervater schon schwierig ist, dann ist meine Schwiegermutter die ultimative Gegnerin. Eine unüberwindliche Wand. Denn sie (die Schwiegermutter, die Wand) kocht selbst gern und leidenschaftlich. Und sie akzeptiert keine anderen Götter neben sich. Du kannst sie nicht bezwingen. Als sie einmal von meinem Ragù[3] probierte, das meine Töchter lieben, kommentierte sie: »Das ist gut. Aber das ist kein Ragù.« – Wie kannst du da gewinnen?

Sie zu überzeugen, das wäre mir noch wichtiger.

Um mich auf dieses delikate Unterfangen vorzubereiten, plane ich eine kulinarische Forschungsreise am oberen Adriabogen, von Venedig bis Triest, also von der Hauptstadt des Veneto bis zur Hauptstadt des Friaul, *strettamente* an der Adria entlang. Ich brauche Wein, ich brauche erstklassige Zutaten, ich brauche Tipps und Rezepte von den Besten ihres Fachs – und Unterstützung von euch.

Ihr müsst mir kräftig die Daumen drücken. Außerdem erzähle ich euch auch ein paar bislang unerzählte Geschichten vom Wegesrand, auf die ich in zwanzig Jahren gestoßen bin – Anekdoten, Verblüffendes und Dramatisches rund ums Essen und Trinken. Deswegen erfahrt ihr auch von Italiens berühmtestem Banditen, vom ersten Luftangriff der Geschichte, von Mussolinis Kampf gegen die Nudel oder von einem Schiffsunglück vor sechshundert Jahren, das eine kulinarische Tradition begründete.

»Du überschätzt dich«, findet Laura, meine Frau. Sie hält immer zu mir, bloß dieses eine Mal ist sie skeptisch.

Auf geht's.

---

3 Ein exzellentes Rezept für Ragù findet ihr auf S. 72. Nein, nicht meines.

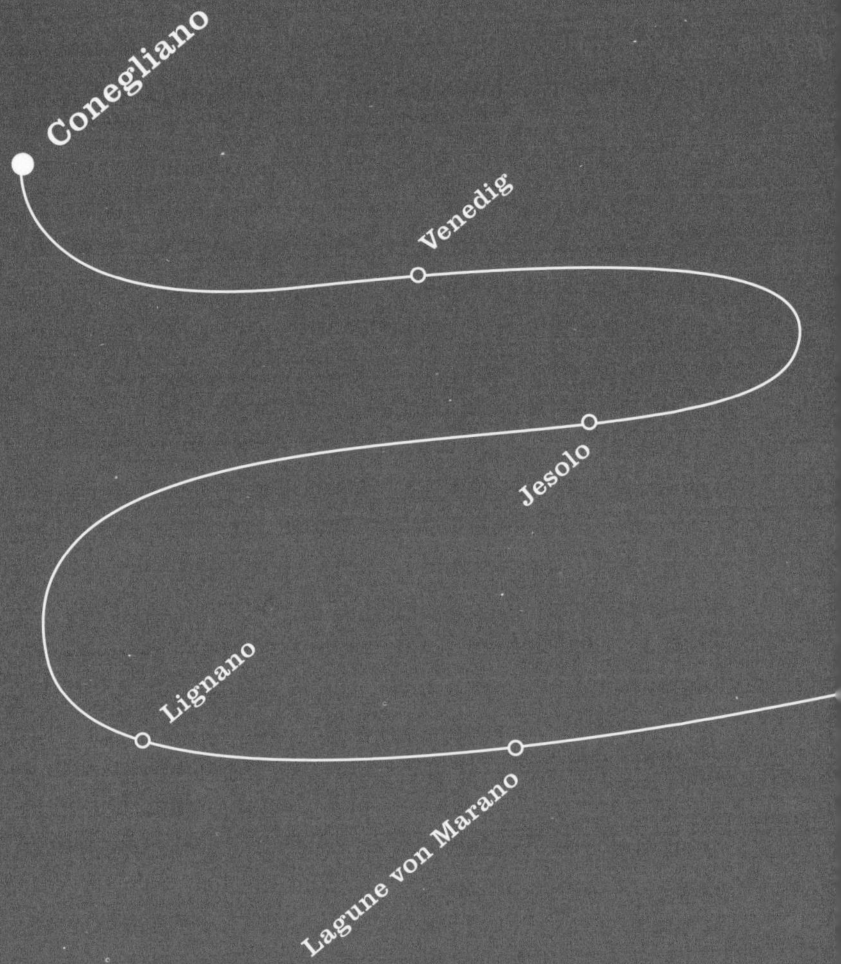
Conegliano
Venedig
Jesolo
Lignano
Lagune von Marano

Teil I
Die Vorbereitungen

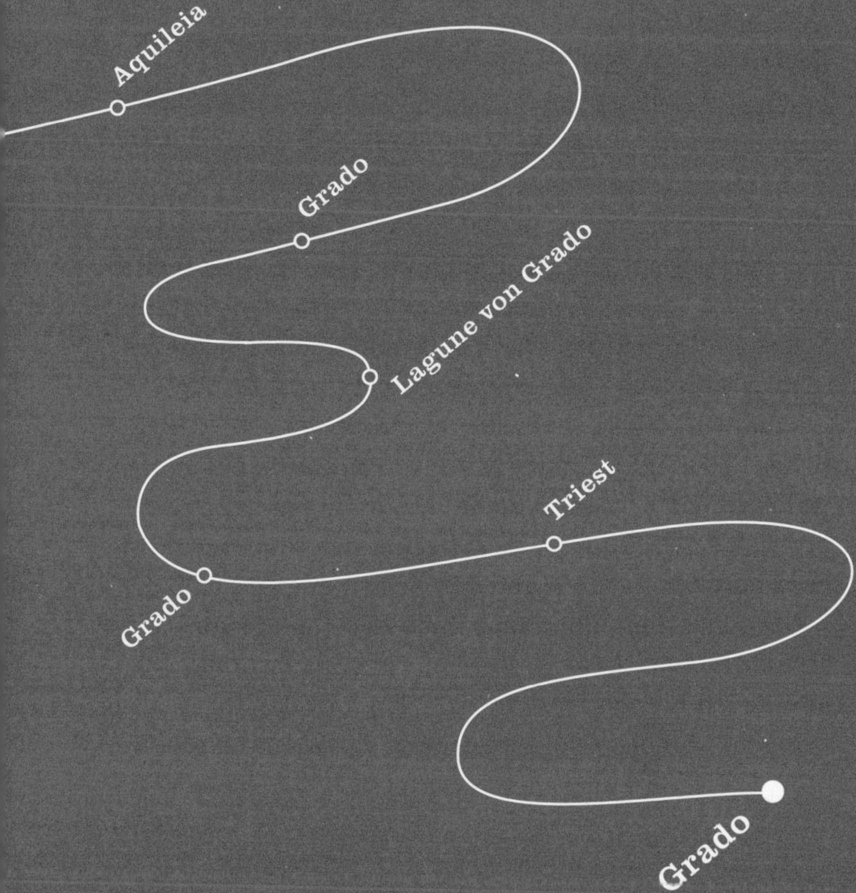

Conegliano: Zoff am ersten Tisch

Beim Winzer Roccat in Conegliano, umgeben von Reben des edelsten Prosecco und etwa vierzig Kilometer von Venedig entfernt, steht ein Tisch. Ich weiß, ich wollte am Meer bleiben, aber das Auto steht schon mit dem Kühlergrill in Richtung Adria, gleich fahren wir los. Und auf den Prosecco kann ich bei meinem Fest nicht verzichten.

Zurück zum Tisch. Es ist ein großer, langer, grober Holztisch, und er ist viele Stunden am Tag besetzt, oft von Kunden und beinahe immer von drei älteren Herren, von denen derjenige in der Mitte der Firmengründer ist, der sich nun aber zur Ruhe gesetzt hat und die Geschäfte seinem Sohn Manuel überlässt. Wie so oft in Italien sehen die Herren fabelhaft gesund aus: Sie sind drahtig und fit und haben volles Haar, obwohl sie sich nur von Prosecco und Aufschnitt ernähren.

Es mag so aussehen, als säße *papà* passiv am Tisch, in Wirklichkeit nimmt er immer noch äußerst aktiv am Geschehen teil, dirigiert den Sohn und dessen Angestellte mit einem kurzen Kopfnicken mal hierhin, mal dorthin. Selbst wenn man, so wie ich, darauf achtet, bekommt man es kaum mit – ein ganz ausgekochtes Schlitzohr.

Auf dem Tisch stehen viele Weinflaschen unterschiedlicher Füllstände, denn er wird für Weinproben benutzt, während das Keltern in Stahltanks in einem angrenzenden Gebäude stattfindet. Es duftet köstlich-säuerlich nach verschütteten Tropfen und den Resten aus den halb geleerten Flaschen, aber auch nach Käse und Salami, die zu den Proben gereicht werden. Eigentlich, denke ich, könnte ich hier an diesem Tisch den Rest des Tages verbringen. Vielleicht sogar den Rest der Woche oder des

Eigentlich, denke ich, könnte ich hier an diesem Tisch den Rest des Tages verbringen.

Monats. Ganz ehrlich: Warum je wieder fort von hier? Aber so einfach ist es nicht. Der Job, die Kinder, das Leben. Und meine Frau zerrt mich auch schon am Ärmel. Derzeit sind außer uns keine Kunden da, und wir brauchen keine Weinprobe, denn wir wissen, was wir wollen. Wir sind Stammgäste.

Allein mit dem Prosecco, seiner unaufhaltsamen Ausbreitung einerseits in den italienischen Weinbergen in meiner unmittelbaren Umgebung, andererseits in deutschen Bars und Restaurants, sowie der eklatanten Qualitätsunterschiede zwischen einem Wald-und-Wiesen-Prosecco, bei dem die Gärung mit Hitze beschleunigt wird, und einem DOCG-Prosecco aus Valdobbiadene, der gemächlich im Stahltank vor sich hin reagiert, ließe sich dieses Kapitel füllen. Aber dazu kommen wir gar nicht, denn wir haben die drei älteren Herren in höchste Erregung versetzt, dabei war unsere Frage ganz harmlos. Der Herr links von *papà* springt wütend auf und fuchtelt mit den Händen vor den Augen des Herrn rechts von *papà*, der daraufhin erst den Kopf schüttelt, sich dann weit im Stuhl zurücklehnt, den Kopf in den Nacken legt und den Herrgott im Himmel anfleht. Selbst *papà* legt die Stirn in tiefe Falten und blickt seinen Sohn vorwurfsvoll an. »Basta!«, ruft er schließlich, und seine Freunde beruhigen sich wieder – obwohl die Gesichtsfarbe aller Beteiligten immer noch dem appetitlichen Rot einer sizilianischen Kirschtomate ähnelt.

Der Dialekt ist für mich kaum verständlich (bis auf das *Basta!*), bloß gut, dass meine Frau aus Venetien stammt. Ein lautes *Basta!* kenne ich auch von daheim, wenn ich wieder eine meiner spektakulären Ideen zum Besten gebe, die bei Laura überhaupt nicht gut ankommen. Etwa das Projekt des selbstgemauerten Pizzaofens auf dem Balkon – die Betonung liegt auf selbstgemauert – von jemandem (mir), der nicht einmal einen Fahrradschlauch wechseln kann.

Aber bevor wir zu unserer Frage kommen, die die beschauliche Welt eines Prosecco-Winzers in Aufruhr gebracht hat, müssen wir kurz über den Prosecco selbst reden, jene zugänglichste, beliebteste Spezialität aus Italiens Nordosten, durch den uns unsere kulinarische Beschaffungsreise führen wird und der ein perfekter *aperitivo* zu Beginn des Buches ist – und für das Fest, von dem ich bald mehr erzählen werde.

Mit dem Schaumwein ist in den letzten Jahrzehnten arges Schindluder getrieben worden, und ein Ende ist nicht abzusehen. In Venetien sind von knapp 100.000 Hektar Rebfläche etwa 30.000 Hektar mit der Rebsorte Glera bestückt, aus der Prosecco gekeltert wird. Die Rebsorte ist robust, ertragreich und gewinnbringend, denn alle Welt will Prosecco trinken. 638 Millionen Flaschen wurden 2022 allein für den Export produziert, das entspricht einem Wert von deutlich über drei Milliarden Euro und ist eine Steigerung von fast 12 Prozent gegenüber 2021. Etwa die Hälfte aller Flaschen geht in den deutschsprachigen Raum.

Das ist deswegen ein Problem, weil allzu viele Winzer daran mitverdienen wollen, Glera anpflanzen und Billigweine auf den Markt werfen. Denn DOC-Prosecco dürfen sich erstaunlich viele Weine nennen[4], die mit heißer Luft statt ruhiger Hand zum Schäumen gebracht werden. Und: Sogar die Slowenen wollen nun mitmischen und ihren »Prosek« als Prosecco bewerben.

4 Obwohl mit dem Qualitätssiegel »Denominazione di Origine Controllata« (etwa: kontrollierte Herkunftsbezeichnung) sonst nicht gescherzt wird.

All das entwertet die wahren Proseccos, und so ist in Italien das Wort beinahe ein Synonym für Billigwein geworden. Wer wirklich guten Prosecco haben will, muss auf den Zusatz DOCG achten.[5] Dieses begehrte Siegel dürfen nur Qualitätsweine aus dem eigentlichen Kerngebiet des Prosecco tragen. Doch Manuel, der junge Winzer von Roccat (DOCG), hat sich dennoch zu einem mutigen und radikalen Schritt entschlossen. Er schreibt auf die Etiketten seines Spitzenproseccos nicht mehr das Wort »Prosecco«. Um gar nicht erst mit den 1,99-Euro-Flaschen im Supermarkt verwechselt zu werden. Das ist gewagt, und wir können nur hoffen, dass sein Mut belohnt wird und Qualität sich durchsetzt.

In jedem Fall fahren wir mit drei Kisten erstklassigem DOCG-Prosecco davon.

***

Nun aber endlich zu unserer Frage: Wir wollten nach erfolgreichem Prosecco-Kauf noch in irgendeiner Trattoria halten und hatten die honorigen Herren um eine Empfehlung gebeten, was, wie mir Laura im Nachhinein berichtete, unter den Alten eine jahrzehntelange, komplizierte Familienfehde wieder aufbrechen ließ, in die die beiden Trattorien, die in der Nähe des Winzers liegen, irgendwie miteinbezogen waren und in der es um eine versprochene Ehe, eine entführte Braut, eine versehentlich (oder eben nicht versehentlich) vergiftete Katze und ein Stück Land ging, das im Katasteramt fehlerhaft (oder eben nicht fehlerhaft) zugeordnet worden war und die Grundlage für

5 DOCG bedeutet »Denominazione di Origine Controllata e Garantitata«; das »G« bedeutet eine zusätzliche Qualitätsstufe, gewissermaßen ein Siegel fürs Siegel.

den Wohlstand der einen und die Armut der anderen Familie begründet hatte.

Wenn ich es richtig behalten habe. Und wenn sich meine Frau nicht über mich lustig gemacht hat.

Venedig: Walter und der wahre Bellini

Ich bin ja prinzipiell dagegen, mit dem Auto nach Venedig zu fahren, aber der Kofferraum ist nun mal voller Prosecco. Und natürlich hat sich, um meine Prinzipien zu bestätigen, vor dem Parkhaus an der Piazzale Roma eine mächtige Schlange gebildet, die exakt keinen Zentimeter vorangeht.

Doch es hatte schon seinen Grund, warum meine Frau und ich in Mestre einen Fahrerwechsel vornahmen. Denn nun stemmt sich meine Frau mithilfe des Lenkrads mit ihrem ganzen Oberkörper aus dem Fenster, packt ihr heftigstes Venezianisch aus und ruft den Parkwächter heran, der in diesem Moment der mächtigste Mann der ganzen Stadt ist.

»Ehi, come se?«, sagt sie. (»Na, wie geht's?« Das s wird ganz sanft ausgesprochen. Wie in »sanft«.)

»Cussì cussì«, antwortet der Parkwächter. (»Nicht schlecht, aber es könnte auch besser gehen« – eine venezianische Standardantwort, ob nach der ausgebrannten Wohnung oder nach einem Lottogewinn.)

»Com'è la situassiong?«[6] (»Geht noch was?«)

»Mal, mui mal.« (»Nein, alles ausgebucht, schon seit Monaten.«)

»Riesci a sistemar qualkkkossa?« (»Kriegst du trotzdem was hin, unter uns Venezianern? Na, komm schon!«)

Ein gequälter Gesichtsausdruck, ein kurzes Winken mit dem Kinn, der Geste des Patriarchen von Roccat nicht unähnlich, und wir folgen dem Parkwächter im Schritttempo an der Schlange vorbei direkt ins Parkhaus.

Hier kommt mein Tipp: Wenn ihr mit dem Auto nach Venedig fahren wollt, heiratet eine Venezianerin.

---

6 Linguisten sprechen bei diesen ng-Lauten von einem »stimmhaften velaren Nasal«, was, wie ich finde, viel hermacht.

***

Wieso ist es hier so leer? Das Hotel Cipriani auf Giudecca ohne Walter Bolzonella, das ist doch wie Venedig ohne Gondeln!

»Ci ha lasciato«, sagt der junge Barmann. »Er hat uns verlassen.« Der Schreck fährt mir in die Glieder, und auch meine Frau scheint verstört. *»È in pensione«,* setzt der Barmann hinzu. Na, Gott sei Dank! Hätte man das nicht anders formulieren können? Aber wenn viel los ist, hilft er immer noch aus. Heute Abend wird er da sein, verspricht der junge Barmann. Nun gut, so lange warten wir.

Walter Bolzonella ist das größtmöglich denkbare Gegenteil des Barkeeper-Klischees. Er hat kein einziges Tattoo und ist auch nicht experimentierfreudig mit seiner Gesichtsbehaarung. Er sieht aus wie ein Buchhalter, der so ehrlich wäre, dass er einen Rausschmiss riskiert, weil er einen schlimmen Skandal in der eigenen Firma aufdeckt. Walter ist ein freundlicher Herr mit zurückhaltender Stimme und wachen Augen hinter einer großen Brille.

Und doch ist sein Reich im Hotel Cipriani in Venedig einer der beliebtesten Treffpunkte Italiens, und auch die VIPs kommen gern. Ob George Clooney (für uns Ältere) oder Zac Efron (fragt eure Kinder): Sie alle lieben Walter – und bitten *ihn* um ein Selfie, nicht umgekehrt. George Clooney ist mit seiner Ehefrau Amal Alamuddin mindestens einmal pro Jahr zu Gast. Als Amal zum ersten Mal im Cipriani auftauchte, stürmte sie noch vor dem Einchecken zur Bar. »Sie müssen Walter sein«, sprach sie den Verblüfften an. Dann hob sie scherzhaft tadelnd den Zeigefinger. »George redet von niemand anderem, seit wir in Italien sind.«

Für Ronald Reagan mixte Walter nicht nur die Bellinis, sondern brachte sie persönlich nach oben in die Suite, denn für den Secret Service war jeder andere Mitarbeiter ein zu großes Risiko. Sogar der schüchterne Al Pacino gerät bei Walter ins Plaudern, und dann ist da noch die Geschichte von Elizabeth Taylors Schoßhund Fluffy, dem Walter einen hundefreundlichen Martini mixte, den der flauschige Gast standesgemäß aus einer Schale aus Muranoglas genoss. (Der Martini war pures Wasser, das Walter lediglich, ein bisschen Show gehört eben doch dazu, aus dem Mixer servierte.)

Seit 1978 steht Walter im Cipriani hinter der Bar. Er war einer der Ersten, der Kräuter in die Cocktails gab und Schirmchen verbannte. Seine erste berühmte Kreation hieß »Sherwood Forest«, ein Cocktail, der nach Wald duftet, mit Prosecco, Maulbeersaft, Kräuterhonig, Ahornsirup, Wacholder, Gewürznelken, Zimt, geriebener Limonenschale und gestoßenem Eis. Er dürfte mehr als hundert Drinks erfunden und tausende verfeinert haben, darunter den »Buonanotte« und speziell für seinen Kumpel George den »Buonanotte Amigos«. In Ersterem spielt Wodka die Hauptrolle, in Letzterem Clooneys eigenes Tequila-Label[7], dazu kommen Limone, Gurke, Ingwer, Cranberrysaft, Rohrzucker, eine eigene Komposition aus mehreren Angostura Bitters und zerstoßenes Eis.

Walter selbst trinkt übrigens wenig. Mit einem klassischen Gin Tonic ist er glücklich, auch Drinks mit Wodka gefallen ihm, denn »Wodka betont den Geschmack der anderen Zutaten«.

---

7 Er hat das Label inzwischen verkauft. An den weltweit aktiv tätigen Spirituosenhersteller Diageo (Guinness, Smirnoff, Johnnie Walker). Für unfassbare eine Milliarde Dollar. Wer muss sich da noch von neurotischen Regisseuren herumscheuchen lassen?

Was Walter so wichtig macht – und warum ich überhaupt hier bin: Er lernte noch vom alten Giuseppe Cipriani höchstpersönlich den Bellini. Venedig ohne Bellini ist wie Venedig ohne den Canal Grande. Vordergründig ist der großartig erfrischende Bellini, 1948 von Giuseppe erfunden, eine simple Angelegenheit: Prosecco mit Pfirsichsaft. Doch er hat seine Tücken.

Walter ist jetzt in seinem Element. Eine halbe Stunde lang erklärt er mir die Zubereitung, was man bei zwei Zutaten ja erst einmal schaffen muss. Das Wichtigste für uns Hobby-Mixologen ist folgender Trick: Die Pfirsiche, schön reif müssen sie sein, werden eben *nicht* püriert, sondern von Hand sanft zerdrückt und dann abgeseiht. Denn pürierte Pfirsiche ergäben eine viel zu klebrige, dicke Masse, die mit dem feinperligen Prosecco doch ganz und gar nicht zurechtkäme.

Und dann gibt es noch den Trick mit den Schalen: Sie werden zur Seite gelegt und am Ende noch mal extra ausgequetscht – oder in Walters Händen eher sanft massiert, um die Farbstoffe zu extrahieren, die sich vor allem in der Schale sammeln und dem Bellini die wunderbare Farbe geben.

So also wird der Prosecco von Roccat auf meinem Geburtstag seiner finalen Bestimmung zugeführt werden, denn der Bellini hat eben auch den großen Vorteil, ein perfekter sommerlicher Drink zu sein, erfrischend und nicht allzu alkoholhaltig. Ja, ich denke, auf meine *aperitivi* werde ich mich verlassen können. Ich stoße mit Laura an, und sie scheint mir aufmunternd zuzunicken. Aber vielleicht ist es nur das aufmunternde Nicken eines Pfarrers zum Verurteilten, bevor ihm der Strick um den Hals festgezurrt wird.

Enrico, Sibylle und die Yacht des Poeten

Er war ein mürrischer Bursche, und er ging wirklich jedem auf die Nerven. Sein Umfeld hatte es nicht leicht mit ihm. Das hatte möglicherweise damit zu tun, dass Pier Paolo Pasolini öffentlich schwul war – und das war im katholischen Italien der 1950er- und 1960er-Jahre kein leichtes Unterfangen, und schon gar nicht im Friaul, einer von den Nachbeben des Krieges ziemlich zerrissenen Region, deren kulturelles Zentrum Udine damals 90.000 Einwohner beherbergte.

Pasolini flüchtete sich in die Arbeit: Schon als Kind schrieb er erste Geschichten, seine Homosexualität entdeckte er beim Bewundern der Kniekehlen fußballspielender Jungen – zumindest sollte er das später behaupten, weil auch das zweifellos eine gute Geschichte war.

Wirklich glücklich fühlte sich Pasolini nur an einem Ort, und dieser Ort lag, sehr praktisch für einen störrischen Künstler, weit weg von allen Menschen und allen sozialen Zwängen. Seinem besten – und einzigen – Freund, dem Maler Giuseppe Zigaina, gehörte die Yacht *Edipo Re,* erbaut 1943 in Istrien, komplett aus Holz. Oft segelten sie gemeinsam durch die Lagune Venedigs, schliefen in den engen Kajüten unter Deck, ließen das Festland-Leben mit allen lästigen Verpflichtungen außen vor.

An Bord von »König Ödipus« ging Pasolini das Herz auf, ein paar Schwarz-Weiß-Bilder zeigen ihn sogar mit der Andeutung eines Lächelns im Gesicht. Auch Busenfreundin Maria Callas kam oft an Bord. Über die Beziehung der beiden lässt sich bis heute nur spekulieren; sicher ist, dass Pasolini die Callas nach ihrer Trennung von Aristoteles Onassis tröstete, mit dem sie eine lange Affäre gehabt hatte. »Neun verschwendete Jahre«, pflegte sie stets zu seufzen, während Onassis trocken kommentierte, dass eine Affäre doch selbstverständlich, ja geradezu eine Pflicht gewesen sei, schließlich seien die beiden »die bekanntesten lebenden Griechen der Welt« gewesen.

Die Callas verliebte sich 1968 in den dürren Dichter und war fest davon überzeugt, ihn von seiner Homosexualität »heilen« zu können. Umgekehrt war Maria Callas eine faszinierende Muse, der Pasolini allein im Sommer 1970 zehn Gedichte widmete. Während der Dreharbeiten von Pasolinis Film *Medea* lebte die Callas zeitweise sogar an Bord der *Edipo Re*. Die schlichten Zustände waren sicher eine mächtige Umgewöhnung nach dem Leben an Bord von Onassis' legendärer Superyacht *Cristina O*, auf der die Barhocker mit Leder aus der Vorhaut von Pottwalpenissen bezogen waren.

Im Sommer 1971 gab es die Opernsängerin endgültig auf, ihren geliebten Friulaner bekehren zu wollen. Sie schrieb ihm, wie es sich für eine Diva gehörte, einen dramatischen Abschiedsbrief und verschwand aus seinem Leben.

Dann starb Zigaina, und Pasolini wurde 1975 von einem Stricher namens Pino Pelosi getötet – ein Kriminalfall, der bis heute viele Fragen offenlässt. Zunächst hieß es, dass der Dichter mehrfach von seinem eigenen Wagen überrollt wurde, einem, pardon, todschicken Alfa Romeo 2000 GT Veloce, doch so richtig einig konnten sich die Gerichtsmediziner nie werden. Bei mehreren Wiederaufnahmeverfahren widerrief Pelosi sein Geständnis, er selbst starb 2017 und nahm alles, was er vielleicht noch hätte wissen können, mit ins Grab.

Beschäftigen wir uns also lieber mit der stolzen »König Ödipus«: Die Yacht rottete malerisch, aber unaufhaltsam vor sich hin. Holz ist ein ganz schlechter Werkstoff für ein modernes Schiff, das Salz nagt am Rumpf, die kalfaterten Fugen werden über die Jahre durchlässig, dazu kommen die Scherkräfte, die unablässig an den Planken rütteln. Selbst die legendäre Riva-Werft stellte schweren Herzens von Mahagoni auf glasfaserverstärkten Kunststoff um.

Dann kamen Sibylle Righetti und Enrico Vianello – sie eine Visionärin, er der zupackende Sohn eines Fischers aus Pellestrina. Sie konnten das Elend nicht mehr mitansehen und kauften die *Edipo Re*, die mittlerweile einem Walgerippe ähnelte. In dreijähriger harter Arbeit restaurierten sie das sechzehn Meter lange motorisierte Segelboot und bieten nun Touren rund um Venedig und zu den Inseln an.[8] Außerdem finden an Bord Kulturevents statt, zum Filmfestival kommen Berühmtheiten an Bord.

Enrico wirkt so dynamisch, dass man sich nicht neben ihm fotografieren lassen sollte, denn neben dieser braungebrannten Gestalt mit hippem Vollbart sehen wir Reisende aus wie ein Schluck Leitungswasser im Plastikbecher. Seine Partnerin Sibylle ist mit ihren blonden Haaren, der makellosen Haut und den blassblauen Augen eine ätherische Schönheit, wie ein Filmstar vergangener Zeiten, was ja wiederum hervorragend passt.

Doch die *Edipo Re* ist mehr als nur ein Charterboot, denn es geht vor allem um Nachhaltigkeit. Sibylle serviert Köstlichkeiten, die in Kleinstbetrieben in und um Venedig erzeugt werden – oder aus Betrieben stammen, die sich für Inklusion einsetzen. Nichts kommt konfektio-

---

8 Maximal zwölf Personen können an Bord kommen. Mehr Informationen über die Törns, individuelle Anfragen und Buchung unter www.edipore.com

niert an Bord, alles ist frisch, biologisch und *chilometro zero.*

»Du willst Sarde in saor? Du bekommst Sarde in saor«, ruft Enrico mir zu, als ich in Giudecca an Bord komme. Und zwar aus Sardinen, die sein Vater am Morgen gefischt hat. Denn Sarde in saor sind nicht nur eines der typischen venezianischen Rezepte, sondern erzählen auch viel von der Geschichte Venedigs.

Aber legen wir erst einmal ab. Wir gleiten geräuschlos und würdevoll durch eine der schönsten Kulissen der Welt. Vom Bacino di San Marco aus, einem gewaltigen, natürlichen Hafenbecken, rücken Markusturm und Salute-Kirche in den Blick, vor allem aber der Dogenpalast, diese Komposition aus Luft und Licht auf zarten Säulen.[9] Das Wasser wird geradezu vom Rumpf gestreichelt, während rundherum die Wasserbusse, Touristengondeln, Transportboote und Hotelshuttles hektisch und immer hektischer durch die Wellen kreuzen. Was mussten Reisende über die Jahrhunderte bloß empfunden haben, als sie Venedig ansegelten! Selbst heute, mit den stets verfügbaren Bildern im Kopf, ist der Anblick absolut atemberaubend.

***

Jetzt wird gegessen, und Enrico erklärt mir, wie das funktioniert mit diesem Rezept, das zwar die ganze Adria verzückt, aber das doch vermutlich in Venedigs Fischerbooten seinen Ursprung hatte. Denn das erste und dringlichste Problem, das alle Fischer über die Jahrtausende auf der

9 Der Canal Grande selbst ist für Segelboote gesperrt, nicht nur wegen der Brücken, sondern auch wegen des geringen Tiefgangs. Eine Ausnahme machte man 2006 für James Bonds Spirit-Yacht in »Casino Royale«.

ganzen Welt beschäftigte, war die kurze Haltbarkeitszeit der Ware. Fischhaut und -muskeln waren nie für das Dasein an der frischen Luft gemacht, ihre Molekülstruktur ist empfindlicher, und daher zerfallen sie schneller als das Fleisch von Landtieren. »Fangfrisch« war bis zur Erfindung von Kühlmaschinen über 500.000 Jahre seit Homo habilis die einzige Möglichkeit, Fisch zu genießen.[10]

So experimentierten die Menschen mit allerlei Möglichkeiten, den Fisch haltbar zu machen. Salz wäre eine Möglichkeit gewesen, doch das war viel zu kostbar. Im Römischen Reich wurde nicht sofort verzehrter Fisch zu Garum, einer Würzsauce, vergoren, die in der Oberschicht äußerst beliebt war und in den verschiedenen Regionen des Imperiums mit den jeweils typischen Fischen erzeugt und in die Metropolen transportiert wurde. Die Saucen unterschieden sich demnach mal in Nuancen und mal deutlich voneinander, und wahrscheinlich waren damalige Garum-Experten genau solche Nervensägen wie heute so mancher Weinkenner.

Die Haltbarkeit von Fischen war nicht nur für den Weiterverkauf wichtig, sondern auch, um lange Reisen auf See zu ermöglichen. Und die Venezianer erfanden (vermutlich) die Sarde in saor, über die erstmals um das Jahr 1300 berichtet wurde, just zu einer Zeit, als sich die Serenissima im ganzen Mittelmeerraum auszubreiten begann und eine echte Großmacht wurde. Die geheime Zutat heißt Weißweinessig. Er macht das Gericht ordentlich sauer, daher der Name, aber er verhindert die Fäulnis des delikaten Fisches, und die Säuerlichkeit wird durch weitere Zutaten abgemildert, nämlich durch das Süßliche

---

10 Überreste von verspeisten Fischen lassen sich tatsächlich schon so früh in der Menschheitsgeschichte belegen, doch dabei handelte es sich wohl um Zufallsfänge. Netze, Angelruten und Spieße für die gezielte Fischjagd sind erst um 3500 v. Chr. in Ägypten nachweisbar.

von gedünsteten Zwiebeln und gegebenenfalls gerösteten Pinienkernen und Sultaninen.

Ich erzähle das alles, damit ich euch nicht beschreiben muss, wie Enrico die frischen Sardinen ausnimmt. Das ist nämlich eine richtig schmaddrige Arbeit, geht bei ihm aber so schnell und routiniert wie bei mir das Tippen dieses Satzes.

Italienische Küche ist Gefühlsküche, deswegen gibt es so selten Mengenangaben. Grob gesagt, sollten es etwa 50 Prozent mehr Zwiebeln als Sardinen sein. Für mein Fest würde das bedeuten: Für zwei Kilo Sardinen nehme ich drei Kilo Zwiebeln. Dann braucht es zwei große Töpfe. In den ersten Topf kommen die zu Ringen geschnittenen Zwiebeln, die Enrico in Olivenöl auf kleiner Flamme anbrät, aber sie dürfen auf keinen Fall braun werden. Wichtig: Der Topf soll immer gedeckelt sein. Dann gibt Enrico Salz dazu, dann den Weißwein – die ganze Flasche. Wenn der Alkohol verdunstet ist, kommt Weißweinessig hinzu – wiederum die ganze Flasche. Pinienkerne und Sultaninen sind optional; eigentlich müssen sie vorher in warmem Wasser etwas eingeweicht werden, doch auf diesen Vorgang verzichten wir auf dem Boot. Manche meiner Kochfreunde nehmen Apfelessig statt Weißweinessig, weil der milder ist, aber ich finde, die ungewöhnliche Essignote ist ja gerade das Besondere. Dazu kommen einige Pfefferkörner im Ganzen sowie zwei oder drei Lorbeerblätter. Die ausgenommenen Sardinen werden im zweiten Topf in Olivenöl angebraten; moderne Rezepte verlangen meist das vorherige Panieren, aber wir beschreiten den klassischen Weg. Dann müssen beide Töpfe abkühlen. In eine flache Schüssel kommt eine Schicht Zwiebeln, darüber eine Schicht Sardinen, dann wieder

Die Zutaten sollen sich harmonisch miteinander verbinden, so wie die Menschen am Abend auf der Piazza, die erst einzeln herbeiströmen und dann Grüppchen bilden, in denen lustig geplaudert wird.

Zwiebeln, und so weiter. Zugedeckt sollte das Gericht im Kühlschrank zwei bis drei Tage durchziehen.

Und dann segeln wir[11] in Richtung Pellestrina, die Silhouette Venedigs wird nur noch ein schmaler weißer Streifen direkt über dem Horizont, der Anker gleitet ins Wasser, Sibylle entkorkt einen Weißwein. Ich weiß nicht, wie es euch geht, aber Frauen, die so etwas ganz routiniert und nebenbei können (Laura!), sind in meinen Augen ganz besonders bezaubernd.

Und dann essen wir dieses köstliche, eigentlich viel zu frische und, wie ich finde, sehr hübsch anzuschauende Gericht, während die Kondensperlen vom Weinglas auf das Holz des Decks tropfen. Eine mehr als 700 Jahre alte Spezialität, schlicht und raffiniert zugleich, und durchaus leicht selbst zu machen.

»Eigentlich müssten wir die Sarde ruhen lassen«, sagt Enrico. *»Per amalgamare.«*

Amalgamare – dieses Wort sollte ich bei meinen kulinarischen Recherchen noch sehr oft hören. Es bedeutet, dass sich die Zutaten harmonisch miteinander verbinden sollen, so wie die Menschen am Abend auf der Piazza, die erst einzeln herbeiströmen und dann Grüppchen bilden, in denen lustig geplaudert wird.

Ein letzter Tipp von Enrico: »Du kannst das Gericht mit allen möglichen Fischen machen, nicht nur mit Sardinen. Besonders gut finde ich Seezunge und Seebarsch.«[12] Enrico entkorkt eine zweite Flasche Weißwein, die nicht den Sardinen geopfert wurde. Und dann segeln wir mit vollen Gläsern in den Sonnenuntergang. Wörtlich, nicht metaphorisch.

---

11 Tatsächlich fahren wir unter Motorkraft, aber ich wollte ein romantischeres Panorama aufspannen.

12 Der Barsch gilt als so gefräßig, dass es bei den alten Griechen hieß, er schwimme stets mit offenem Maul.

Am Wegesrand: Venedigs Gewürze

Die Dogenrepublik bestand tausend Jahre und gilt als stabilste Regierung aller Zeiten, trotz vieler Kriege, Hungersnöte und Staatspleiten. Die Serenissima funktionierte dank einer raffinierten Mischung aus Demokratie, Monarchie und Diktatur. Der Doge, gewählt von den alteingesessenen Familien der Stadt, war der oberste Repräsentant. Er wurde aber streng kontrolliert, man öffnete seine Briefe, und er durfte die Stadt nicht verlassen. Dennoch hatte sein Wort ein gewisses Gewicht. Das Parlament oder *Consiglio maggiore* (»Großer Rat«) bestand aus Mitgliedern der Kaufmannsfamilien und hatte viele Rechte. Dennoch gab es die gefürchtete Gerichtsbarkeit, die aus drei Inquisitoren bestand und eigenmächtig Urteile fällen durfte – aber die Inquisitoren waren jeweils nur ein Jahr lang im Amt, taten also gut daran, klug und umsichtig zu agieren. Und dann gab es noch die einflussreichen Prokuratoren, die sich um die Staatsfinanzen kümmerten, und die vielen Spione, die Republikfeinde im Zweifelsfall in einem der Kanäle dauerhaft entsorgten. Auch für den Dogen wählte man stets einen Mann im hohen Alter, um ihn im Zweifelsfall schnell wieder loszuwerden. Der Doge Marino Falier, der eine erbliche Herrschaft errichten wollte, wie sie in anderen italienischen Stadtstaaten üblich war, hatte kein Glück mit seinem Vorhaben: Man köpfte ihn am 17. April 1355 vor seinem Palazzo.

Abgesehen von der Machtbalance gibt es noch ein anderes Erfolgsgeheimnis: Niemand konnte einen Hofstaat unterhalten oder sich mit repräsentativen Kutschen fortbewegen. Ob Schatzkanzler oder Wirt, Tuchhändler oder Doge, stets ging es durch enge Gassen oder per Gondel über die Kanäle. Näher waren sich Herrscher und Untertanen nirgends. Das sorgte von ganz allein für demokratische Verhältnisse.

Aber wir wollen ja über Essen und Trinken reden, und erstens hat Venedigs Aufstieg genau damit zu tun, und zweitens habe ich eine Buchidee für euch (oder für meinen Verlag). Fast alle Dogen wurden erstaunlich alt für damalige Verhältnisse, über achtzig, sogar über neunzig, und das mit Ärzten, die Aderlässe und ähnliche Rosskuren verschrieben, und in einer Zeit, in der jeder eiternde Zahn, jede Blinddarmentzündung und jedes Nasenbluten den Tod bedeuten konnte. Gar nicht zu reden von den heftigen Seuchen, die die Stadt immer wieder heimsuchten. Jemand müsste mal ein Buch schreiben mit dem Titel »Die Dogen-Diät – das Geheimnis der Langlebigkeit«. Vielleicht verbirgt sich im Essen der Venezianer ja ein Jungbrunnen, ohne dass wir es wissen?

Aber wie stieg Venedig überhaupt so kometenhaft auf? Das hatte viel mit Geografie zu tun – und auch viel mit dem Genießen. Erstens machte die Lagune die Stadt praktisch unangreifbar, im Gegensatz zu ihren frühen Konkurrentinnen Genua, Pisa und Amalfi. Zweitens liegt sie auch noch perfekt im höchstmöglichen Norden der Adria, und das war für alle Kaufleute wichtig. Für alle Waren galt: Je weiter man sie auf dem See- statt auf dem Landweg Richtung Norden transportieren konnte, desto besser. Moderne Berechnungen belegen, dass der Seeweg mindestens drei Mal so profitabel und natürlich auch viel sicherer war, trotz Unwettern. Wer also Waren vom Orient nach Europa – Wien, Mailand, Paris – transportieren wollte, tat gut daran, bis Venedig zu segeln und sich erst dann auf den Landweg zu begeben. Und bei diesen Waren handelte es sich vor allem um wertvolle Gewürze aus dem Orient, die heute für uns selbstverständlich sind, aber viele Jahrhunderte lang eine Kostbarkeit waren, um die sogar Kriege ausbrachen. Neben dem Salzmonopol aus den nahen Salinen handelten die Venezianer mit Pfeffer, Muskatnuss, Gewürznelken, Safran, Ingwer, Kardamom und Kümmel aus dem Orient. Der Pfefferpreis etwa verdreißigfachte sich auf dem Weg von Indien nach Venedig, und Zuckerrohr aus Zypern machte die Familie Corner im 14. Jahrhundert zur reichsten der Stadt. Nicht zu vergessen: Die exotischen Gewürze galten zudem als Medizin gegen allerlei Leiden, und wer reich und krank ist und Heilung versprochen bekommt, zahlt jeden Preis.

Alessandras Cicchetti – Kunst, Licht und Schatten

Die Cantine del Vino già Schiavi in Dorsoduro, seit drei Generationen im Besitz einer venezianischen Familie, liegt angenehm abseits der Ameisenstraßen und ist kein kleines Lokal, jedenfalls für venezianische Verhältnisse – ein länglicher Schlauch voller Weinregale mit zwei Theken. Und doch gibt es nirgends einen Stuhl. Keinen einzigen.

Cicchetti, die typischen venezianischen Häppchen (ausgesprochen tschi-ketti[13]), werden im Stehen genossen, am Tresen, bei einem Glas Wein, das hier *ombra* heißt.

Warum Venezianer auf diese Häppchen abfahren, die auch schon am Vormittag genossen werden, ist schwer zu sagen. Eine beliebte Theorie ist, dass für die geschäftstüchtigen Venezianer das allzu lange, unproduktive Verweilen am Tisch eine unerträgliche Vorstellung war. Eine weitere Theorie: Venedig war zu seiner Blüte – und auch noch lange danach – eine unglaublich volle, enge Stadt. In den Gässchen drängten sich die Menschen, arbeiteten die Zimmerleute und Barbiere, flickten und nähten die Frauen, tollten die Kinder umher. Im historischen Kern, den heute 53.000 Venezianer:innen und zumindest tagsüber noch einmal mindestens die gleiche Zahl Tourist:innen bevölkern, haben bis zu 200.000 Menschen gelebt. Man musste im Stehen essen, weil kaum ein Lokal Platz für Tische und Stühle hatte, weder innen noch vor der Tür.

Und warum heißt das Glas Wein *ombra* (Schatten)? Eines haben die Venezianer in jahrhundertelangem, lustvollem Experimentieren herausgefunden: Wer Alkohol in der prallen Sonne trinkt, ist schnell zu nichts mehr zu gebrauchen. Möglicherweise stammt der Name aber

---

13 Auf Venezianisch werden die Häppchen auch »cichéto/cichéti« geschrieben, die Aussprache bleibt gleich.

auch von apulischen Winzern, die auf dem Markusplatz ihre Rotweine verkauften und mit ihren Fässern, um sie kühl zu halten, dem Schatten des Markusturms folgten. Der *ombra* wird nicht nur abends, sondern vor allem tagsüber getrunken. Die Tradition stammt von den Arbeitern, die schon frühmorgens hart anpackten, um die Märkte zu beliefern, um am Mittag eine wohlverdiente Pause einzulegen.

Aber genug der Theorien, denn während Laura zurück nach Grado gefahren ist, um sich um Job und Familie zu kümmern, bin ich hier, um von Alessandra De Respinis die Zubereitung der besten Häppchen zu lernen, was ganz entscheidend für den Erfolg meines Festes sein kann. Wenn eine weiß, wie das geht, dann sie. 77 Jahre alt, seit 64 Jahren am Cicchetti-Machen. Sie ist die Beste. Das sagen alle Venezianer, selbst ihre unmittelbaren Konkurrenten (aber nur, wenn ich sie nicht namentlich zitiere[14]). Sie hat auch Preise gewonnen. Mit ihren Cicchetti aus Thunfisch-Tatar wurde sie zu einem internationalen Wettbewerb nach Mexiko eingeladen. Dort wurde sie Zweite. »Das war das erste und letzte Mal, dass ich in ein Flugzeug gestiegen bin. Sonst war ich eigentlich immer hier.«

Alessandra und ihr Mann Lino haben die Enoteca 1960 von Linos Eltern übernommen, und damals waren Cicchetti ein schlichtes, rustikales Gericht, belegte Brote mit Mortadella oder Salami oder Käse. Alessandra begann zu experimentieren, und beinahe berühmt wurden ihre Cicchetti mit Thunfischcreme und Lauchringen.

Inzwischen hat sie mehr als hundert Rezepte entwickelt, mindestens dreißig davon liegen täglich in den Vitrinen aus, jeden Morgen frisch gemacht von Alessandra, die bis 13 Uhr im hinteren Raum bleibt und schmiert und

---

14 Okay, abgemacht (Anm. des Autors).

Klar ist in jedem Fall, dass Alessandra die Expertin ist. Die Königin. Die Dogaressa.

schmiert. Und dann immer eine Palette von dreißig bis fünfzig Cicchetti entweder ins Kühlfach legt oder gleich nach vorn bringt, je nachdem, wie groß der Bedarf ist. Um die Kundschaft kümmern sich ihre drei Söhne Paolo, Piero und Tommaso. »Früher war ich den ganzen Tag hier, aber jetzt machen meine Beine nicht mehr mit.«

Sie produziert täglich etwa 500 bis 800 Cicchetti, rechnen wir also mal kurz durch: 365 Tage minus 52 Sonntage (da ist Ruhetag) minus 18 Urlaubstage im August ergeben 295 Arbeitstage. Rechnen wir eher am unteren Ende mit 600 Cicchetti pro Tag, multipliziert mit 295 Tagen und 64 Arbeitsjahren, und wir sind bei beeindruckenden 11,3 Millionen Stück in ihrem bisherigen Leben – und ich hoffe, dass die Lektorin das alles noch mal nachrechnet.[15] Klar ist in jedem Fall, dass Alessandra die Expertin ist. Die Königin. Die Dogaressa.

Was ist das Geheimnis der besten Cicchetti? Wie bekomme ich sie so hin, dass sie so köstlich schmecken wie bei Alessandra?

»Das Geheimnis ist frisches, knuspriges Brot«, erklärt sie. Ihre Konkurrenten tauen Tiefkühlware auf, weil das einen Arbeitsschritt spart, doch zu ihr kommt jeden Morgen der Bäcker und bringt die Laibe, fast immer lange Baguette-Stangen. Und Alessandra beginnt, die Brote zu zerschneiden, in etwas mehr als fingerdicke Scheiben. Das ist nicht ihr ganzes Geheimnis, sie hat noch ein paar mehr, aber reden wir zuerst über die Cicchetti selbst. Nicht alle Cicchetti werden auf einer Brotscheibe gereicht, es gibt beispielsweise auch gefüllte Oliven und Zucchiniblüten oder gewickelten Speck mit Gorgonzola. Auch die einfachste Zubereitung, die es seit mindestens 1945 täglich

15 Hat sie. Passt (Anm. d. Lektorin). In der ersten Manuskript-Version war ein spektakulärer Rechenfehler (Anm. d. Autors).

gibt, kommt ohne Brot aus: Eine in Öl eingelegte Sardelle wird per Zahnstocher auf einem in Essig eingelegten Perlzwiebelchen fixiert. Fertig. Aber: »Je einfacher die Zutaten, desto wichtiger die Qualität«, mahnt Alessandra. Den Baccalà, den meine Schwiegereltern lieben und von dem sehr bald die Rede sein wird, macht sie mal mit Knoblauch, mal ohne. Ich will von ihr Tipps zur Zubereitung haben, denn Baccalà darf bei meinem Geburtstag auf keinen Fall fehlen. »Geh ihn fertig bei Gislon kaufen[16] und gib ihn als deinen eigenen aus«, rät mir Alessandra. Auch Laura, mit der ich kurz darauf telefoniere, bittet mich dringend, den Baccalà mantecato schon zubereitet zu kaufen. *»Una puzza, un casino«*, schimpft sie. Gestank, Aufwand. Aber ich und mein Ehrgeiz hören weg.

Zurück zu Alessandra: Welche Cicchetti hat sie sonst noch kreiert? Jeweils auf einer Scheibe Brot:

Brie, Tomaten und Sardellen
Tintenfisch-Carpaccio und Sellerie
Meerrettich mit Granatapfel-Kernen
Artischocken, Kochschinken und Oliven
Feigen, Robiola-Käse und Pistazien
Scampi und grüner Spargel
Gorgonzola und Walnüsse
Gorgonzola, Apfel und Balsamessig
Melonenmousse, Schinken und Pistazien
Walnusscreme, Ricotta und Johannisbeeren
Parmesankäse, Orangenmarmelade und Feigen
Geräucherter Schwertfisch und Zucchini
Entenbrust und Orangenmarmelade
Krebs und Rucola
Robiola-Käse und Kastaniencreme

16 Calle de la Bissa 5424a, nicht weit von der Rialtobrücke.

Robiola-Käse, Rucola und Paté von schwarzen Oliven
Lachs und Mascarpone
Geräucherter Scamorza-Käse,
Radicchio und Mandeln
Bauchspeck und Feigen
Thunfischtatar und Kakaopulver
Ei und Sardellen
Ei und Trüffeln

Und wenn ihr nicht spätestens jetzt vor dem Kühlschrank steht und irgendwas zu essen sucht – irgendwas! –, dann habe ich etwas falsch gemacht.

Und damit sind natürlich noch nicht die vollständigen Rezepte verraten. Hier gehört etwas Petersilie hinzu, da Schnittlauch, dort eine ordentliche Prise Pfeffer. Oder gar Brandy. Brandy? Ja!

Reden wir über das Rezept, das Alessandra berühmt gemacht hat. Na ja, das ist vielleicht etwas dick aufgetragen (ha!), aber: »Es war die erste echte Neuheit. Und die Leute lieben es bis heute!« Sie nahm in Olivenöl eingelegten Thunfisch, mischte etwas Mayonnaise dazu – und Brandy. Diese Mixtur schmierte sie aufs Brot und garnierte es mit Lauchringen. Geheimtipp: den Lauch schon am Vortag schneiden, dann schmeckt er etwas milder. Eine Variante: die Lauchringe durch frisch geraspelten Meerrettich ersetzen, dazu etwas Aceto Balsamico geben. So, und jetzt glaubt hoffentlich niemand mehr, Alessandras Cicchetti seien einfach nur belegte Brote.

Ich schaue ihr lange beim Zubereiten zu, aber ihr macht es nichts aus, im Gegenteil, sie freut sich über den Besuch hinten in der Küche (hoffe ich zumindest). Ihr Sohn Paolo ist dagegen sehr unglücklich, dass ich nur ein Glas Wasser bestelle, dabei ist es doch schon 11 Uhr am Vormittag; alle Venezianer, die reinkommen, genießen ihren *ombra*. Noch etwas erfahre ich: »Ich liebe Käse als Zugabe. Fast alle meine Cicchetti enthalten etwas Käse. Er hat so viele Varianten im Geschmack, von der Süße des Ricotta bis zur Schärfe des Gorgonzola. Aber Käse hat auch so viele Varianten in der Konsistenz, vom weichen Robiola bis zum knackigen Parmesan.«

Ich erzähle ihr von meinem Vorhaben, und sie schüttelt mitleidsvoll den Kopf, als ich ihr von meiner Schwiegermutter berichte. Dann fragt sie mich, wie viele Leute zu meiner Geburtstagsfeier erwartet werden und was ich sonst zu kredenzen gedenke.

»Massa roba«, sagt sie. Frei übersetzt: »Junge, da hast du dir aber ganz schön viel vorgenommen.«

Ich zucke hilflos mit den Schultern. Und überlege, ob ich nicht doch ein Glas Wein bestelle.

»Drei Rezepte reichen aus«, sagt Alessandra, und ich schreibe mit. »Einmal Fisch, einmal Fleisch, einmal vegetarisch. *Così nessuno si lamenta*.«

Zuerst für Vegetarier: 500 Gramm Brennnesselblätter im Mixer mit 100 Gramm Parmesankäse, Pinienkernen, Salz und gutem Olivenöl vermengen. Dann aufs Brot etwas Brie legen, darauf einen Löffel Brennnesselmus, wieder ein Stück Brie, alles mit einem Stoß Pfeffer garnieren.

Dann: Artischockencreme (»Kauf sie fertig, und wenn nicht, nimm die Artischocken von Sant'Erasmo[17], die sind schön mild«), Kochschinken und grüne Oliven. Erst die Creme, dann die Schinkenscheibe, dann die Olive. Ganz einfach. »Und wenn du die Artischockencreme selbst machen willst, dann…« Hier werden meine

---

17 Venedigs Gemüseinsel, seit Jahrhunderten für die Versorgung der Stadt mit frischem Obst und Gemüse zuständig.

»*Massa roba*«, sagt sie. Frei übersetzt: »Junge, da hast du dir aber ganz schön viel vorgenommen.«

»Drei Rezepte reichen aus«, sagt Alessandra, und ich schreibe mit. »Einmal Fisch, einmal Fleisch, einmal vegetarisch. *Così nessuno si lamenta.*«

Notizen unleserlich, ich lese später in einem Rezeptbuch nach. – Nein, ich denke, ich kaufe sie fertig.

Und hier kommt ein Fischrezept mit einer Zutat, die mich vor Schreck husten lässt: Für die Cicchetti mit grünem Spargel und Scampi erklärt mir Alessandra zunächst, wie man den Spargel und die Scampi vorbereitet: Spargelspitzen in Salzwasser etwa zehn Minuten, Scampi in Salzwasser etwa zwei Minuten kochen. Mit Olivenöl, Salz, Pfeffer und ein paar Spritzern Zitrone verfeinern. Dann sind wir bereit für die *composizione*, wie es Alessandra nennt: etwas Mayonnaise aufs Brot streichen, zwei, drei Spargelspitzen und Scampi nach Gusto hinzu, und alles mit einem Tropfen Ketchup garnieren. Ja, ihr habt richtig gelesen.

Wie gesagt, die Cicchetti sind kein Gericht zum Verweilen, und die zwei jungen amerikanischen Touristinnen, die außer mir noch hier rumstehen, sind nach einer Viertelstunde wieder draußen. Ich bleibe und rede mich damit heraus, dass ich ja beruflich zu tun habe. Für mich ist diese Enoteca wie das Bälleparadies bei Ikea: Gebt mich am Morgen dorthin und holt mich am Abend wieder ab, mit einem seligen Lächeln auf den Lippen. Dann wäre auch Paolo zufrieden, denn irgendwann wäre ich bestimmt zum Wein übergewechselt.

***

Noch ein Letztes zu Venedigs Geschichte. Weil dieses Buch in einem österreichischen Verlag erscheint, sei an einen genialen Dialog aus Monty Pythons »Leben des Brian« erinnert, als die Volksfront von Judäa einen Aufstand gegen die Römer organisieren will: »Mal abgesehen von der Medizin, den sanitären Einrichtungen, dem Schulwesen, Wein, der öffentlichen Ordnung, der Bewässerung, Straßen, der Wasseraufbereitung und der allgemeinen Krankenkassen, was, frage ich euch, haben die Römer je für uns getan?« – »Den Frieden gebracht.«

»Na schön, mal abgesehen von der Medizin, den sanitären Einrichtungen, dem Schulwesen, Wein, der öffentlichen Ordnung, der Bewässerung, Straßen, der Wasseraufbereitung, der allgemeinen Krankenkassen und dem Frieden – was, frage ich euch, haben die Römer je für uns getan?«

So ähnlich war es mit den Österreichern in Venedig: Die sterbende Stadt wurde ab dem Jahr 1815 von ihnen gehegt und gepflegt und erst wieder richtig zum Leben erweckt. Sie renovierten die Kirchen und führten ein Katastersystem ein, das noch heute gültig ist, sie organisierten eine effektive Müllentsorgung (in der Kanalstadt eine Mammutaufgabe), bekämpften die Kriminalität und führten Gasbeleuchtung auf dem Markusplatz ein. Sie gaben den Venezianern sogar die berühmten Quadriga-Pferde zurück, die Napoleon ihnen geraubt hatte. Und sie bauten mehrere Brücken, die die Begehbarkeit der Stadt erleichterten, darunter die Scalzi-Brücke über den Canal Grande direkt am Bahnhof. Und angeblich stammt auch der Sprizz aus der Zeit der Österreicher, weil die Soldaten zwar Wein naschen, aber auch noch halbwegs dienstfähig bleiben wollten.[18]

Venedig blühte unter der österreichischen Herrschaft mächtig auf, aber so richtig diplomatisch gingen die k.u.k. Offiziere mit ihren Leistungen nicht um. Im Quadri, ihrem Stammcafé auf dem Markusplatz, organisierten sie eine

18 Das muss allerdings bezweifelt werden, schon die alten Römer streckten ihren Wein mit Wasser, um bei den Gelagen länger durchzuhalten.

Militärkapelle, die ihnen vertraute Melodien spielte und über den Platz dröhnte. Die echten Venezianer gingen lieber ins Florian gegenüber, das bald zum Treff der konspirierenden Österreich-Feinde wurde, denn die Venezianer machten fälschlicherweise die Österreicher und nicht die Franzosen für das Ende ihrer Großmachtstellung verantwortlich. Quadri gegen Florian – es war tatsächlich manchmal eine Entscheidung über Leben und Tod. In jenen Zeiten konnte der Besuch des falschen Cafés mit einem Messer im Rücken enden. Im europaweit unruhigen Jahr 1848 rebellierten die Venezianer, die Österreicher schlugen hart zurück. Drei Wochen beschossen sie die Serenissima, und es kam sogar zum ersten Luftangriff der Geschichte: Man hatte Heißluftballons mit Brandbomben und Zeitzünder ausgestattet, doch alle hundert Ballons wurden vom Winde verweht und landeten in der Lagune. Damit waren die Besatzer unten durch und kein ernsthafter Venezianer würde vorerst auch nur das Quadri betreten. Das Florian hatte sich durchgesetzt.

Am Wegesrand: Wer traut sich?

Moleche oder auf Venezianisch Moèche (im Dialekt werden gern Konsonanten weggelassen) sind die gewöhnungsbedürftigste Spezialität der Lagune, und Laura vergeht regelrecht nach ihnen – sie ist mehrere Tage lang glücklich, wenn sie gekauft, zubereitet und serviert werden. Es handelt sich um Krebse, die im Ganzen gegessen werden: mit Panzer, Innereien, Beinchen und Scheren. Schon die Vorbereitung ist gewöhnungsbedürftig, und wer jetzt keinen starken Magen hat, überliest den nächsten Satz. Denn die Moèche (gesprochen *mo-EK-ke*) werden lebend gekauft und dann im Kühlschrank in frisches Eigelb gelegt, damit sie sich vor dem finalen Gang in die Pfanne noch mal schön satt essen.

Frisch gehäutet müssen sie sein, damit der neue Panzer noch ganz weich ist, denn sonst würde man sich die Zähne ausbeißen. Sie werden frittiert genossen, dazu gibt es meist Polenta. Die Moèche gibt es verzehrfertig nur im Februar und im Oktober – genau dann, wenn sie eine Häutung hinter sich haben. Und damit fallen sie für meinen Geburtstag im Spätsommer flach, worüber ich nicht unglücklich bin.

Die Dogen haben die Krebse einst verschlungen wie unsereins heutzutage Kartoffelchips. Das Wort leitet sich vom italienischen *mollo* ab, »weich«. Die Spezialität gilt als weltweit einmalig und steht unter dem Schutz der Slow-Food-Bewegung. Nur wenige Fischer, die sich zu einer Kooperative zusammengeschlossen haben, dürfen sie fangen. Neuerdings scheint der Klimawandel aber auch in dieser eigenwilligen kulinarischen Nische angekommen zu sein; mancher Herbst war beispielsweise so warm, dass die arttypische Häutung einfach ausblieb.

In jedem Fall ist die Spezialität nicht billig: Im Februar 2023 kostete ein Kilo der Krebse auf dem Rialto-Fischmarkt 100 Euro.

Mit einer Leiche zum Bahnhof

Noch eines ist in Venedig für mich zu tun. Die ungewöhnlichste Spezialität heißt Baccalà, Stockfisch, wie wir schon bei Signora Alessandra erfahren haben. Die Liebesbeziehung der Lagunenbewohner zu einem Fisch aus dem kalten Nordmeer ist auf den ersten Blick schwer zu erklären – schließlich lebt man inmitten reichster Fischvorkommen. Doch auch hier ging es, wie bei den Sarde in saor, um die Haltbarmachung einer eigentlich rasch verderblichen Ware.

Dass der Stockfisch, aus Kabeljau und anderen Dorschen zubereitet, in die Serenissima gelangte, war einem Schiffsunglück zu verdanken. Vor beinahe sechshundert Jahren stach ein venezianischer Kapitän namens Pietro Querini mit dem Ziel Flandern in See, doch die Reise verlief katastrophal: Nach heftigen Unwettern musste im Atlantik das schwer beschädigte Hauptschiff aufgegeben werden, die Männer retteten sich in Ruderboote. Nach zwanzig Tagen strandeten sie im Januar 1432 auf den Klippen einer unbewohnten Insel der Lofoten im Nordatlantik; dort wurden sie von Fischern aufgelesen. Drei Monate lang pflegten die Insulaner die Venezianer, bis sie die Reise gen Heimat antreten konnten und das Geheimnis des *stoccafisso* mitbrachten, der getrocknet und vor dem Verzehr klein geschlagen wurde. Darüber hieß es in einem Rapport des Kapitäns für den Großen Rat am 12. Oktober 1432: »Die Insulaner fangen täglich eine unvergleichliche Menge Fisch, vor allem zweier Typologien. Der eine heißt stocfisi, der andere ist eine Schollenart von beneidenswerter Größe. Die stocfisi trocknen im Wind und in der Sonne ohne Salz, und weil die Fische ohne Fett und Feuchtigkeit sind, werden sie hart wie Holz. Wenn die Inselbewohner sie essen wollen, schlagen sie sie mit dem Pfannenboden in winzig kleine Stücke, dann geben sie Gewürze hinzu, um das Gericht schmackhaft zu machen.«

Klingt wie erfunden, ist aber Wort für Wort protokolliert. Und es ist vermutlich die einzige historische Spezialität, von der man auf den Tag genau weiß, wann sie ein anderes Land erreichte. Das ist das Besondere an Venedig: Das Leben und die Vorgänge in der Stadt der letzten achthundert Jahre sind nahezu lückenlos dokumentiert, denn es war eben die Stadt der Kaufleute, und über jeden Vorgang, vom Geschäft bis zum Gerichtsbeschluss, wurde Buch geführt.

Bei der Variante Baccalà mantecato, die in Venedig am häufigsten auf den Tisch (bzw. auf den Tresen) kommt, wird der Stockfisch mehrere Tage lang eingeweicht und mit Milch, Knoblauch, Olivenöl, Petersilie, Salz und Pfeffer zu einem Brei eingekocht. Und Baccalà ist, ich habe es schon erwähnt, das absolute Lieblingsgericht meiner Schwiegereltern. Ich werde nicht umhinkommen, es an meinem Geburtstag zuzubereiten.

In der Latteria Popolare[19] kaufe ich also einen Stockfisch, der genau so unsexy aussieht, wie er klingt, graubraun und an die Schuhsohle eines Riesen erinnernd. Der von mir gekaufte Stockfisch misst 60 Zentimeter, ich klemme ihn mir unter den Arm und mache mich auf den Weg zum Bahnhof. Die Touristen schauen mich an, als hätte ich eine Leiche unter dem Arm. Was ja genau genommen auch stimmt. Ein paar Japaner tun so, als würden sie ein Selfie machen, fotografieren aber mich –

19 Die Latteria Popolare heißt inzwischen Baccalà Veneto, aber der alte Name ist noch groß über dem Schaufenster angeschrieben. San Polo 2465, Calle de la Laca.

ein Trick, den ich von meinen Töchtern gelernt habe, um prominente oder merkwürdige Menschen unauffällig abzulichten.

Es ist früher Nachmittag, und ich habe mit einem leeren Zug gerechnet. Er ist aber nicht leer, und es ist ein bisschen peinlich mit diesem ausgetrockneten Reisegenossen. Venezianer, die zusteigen, nicken wissend, Fremde wundern sich.

»Drei bis vier Tage« brauche die Entwässerung und Zubereitung, hat mir Alessandra von der Enoteca già Schiavi eingebläut. Das werde ich in Grado machen müssen. Was auch bedeutet: Die Vorbereitungen zum Geburtstagsessen werden – mit den Sarde in saor und dem Baccalà – einige Tage vorher beginnen müssen. Es gibt Schlimmeres, heißt es dann immer. Ja, aber es gäbe auch Besseres.

Jesolo: Die sehr erträgliche Leichtigkeit des Seins

Was wäre Italien ohne Pizza? Tja, das weiß ich auch nicht so recht, denn meine Familie ist nicht besonders scharf drauf. Als ich im Covid-Lockdown ernsthaft den Bau eines Pizzaofens auf der Dachterrasse in Erwägung zog (man brauchte in diesen Zeiten ja ein Projekt) und mir sogar schon eine Anleitung dazu ausdruckte, wusste Laura nicht, ob sie erst die psychologische Notfall-Hotline oder gleich den Scheidungsanwalt verständigen sollte. Weil Pizza in unserem Leben einfach keine so große Rolle spielt, um dafür einen Wohnungsbrand zu riskieren, und weil mein handwerkliches Geschick nicht einmal dazu ausreicht, einen Fahrradschlauch zu wechseln. Warum wollte ich dann direkt über den Köpfen der Familie etwas mauern, das 350 Grad Hitze erzeugt?

Meine Töchter mögen Pizza aber *manchmal* und deshalb fühlte ich geradezu verpflichtet, ein paar Erkundigungen einzuholen, zumal die Pizzametropole des Nordens an klaren Tagen von der nach wie vor pizzaofenlosen Dachterrasse aus zu sehen ist.

Auf der Staatsstraße 14, die von Venedig bis Triest führt, geht es in einem Sichelschnitt über die Strada Provinciale 43 namens Jesolana[20] und die Strada Regio-

20 Hach, die tollen Namen italienischer Straßen: Autostrada del Sole, Autostrada del Mare … Übrigens entstand die erste Autobahn in Italien, nicht in Deutschland: Die wohlhabenden autofahrenden Mailänder wollten beim Sonntagsausflug an den Comer See nicht hinter Pferdefuhrwerken herzuckeln, also bauten sie die Autostrada dei Laghi, die schon 1924 eingeweiht wurde und noch heute existiert. Selbstverständlich kassierte man auch damals schon Maut; bezahlt wurde in einer Raststätte. Die Berliner AVUS wurde zwar schon früher eingeweiht, nämlich im Jahr 1921, sie fungierte aber lange als private Test- und Rennstrecke, bevor sie 1940 zur allgemein befahrbaren Stadtautobahn mutierte.

nale 43 nach Jesolo und von dort weiter nach Lido di Jesolo. Ich weiß, was ihr jetzt denkt, aber bleibt bitte kurz bei mir: Vor ein paar Jahren war ich einmal für eine sommerliche Woche am Lido di Jesolo.

Und jetzt kommt's: Es war eine der schönsten Urlaubswochen meines Lebens.

Denn Jesolo mit seinem Lido – wie überhaupt die ganzen, vermeintlich verrufenen Adriaorte wie Lignano – war die absolute Unbeschwertheit. Die totale Entspannung. Der perfekte Strand, gepaart mit Sorglosigkeit. Dir bleibt ja keine Wahl, und das ist gut so, denn du musst überhaupt keine Entscheidung fällen. Dein Tag verlangsamt sich aufs Allerangenehmste, verfällt in einen beruhigenden, gleichmäßigen Takt. Morgens aufstehen, frühstücken, unterm Sonnenschirm bis zum Mittag, eine kurze Siesta im kleinen, kühlen Hotelzimmer, dann wieder zurück an den Strand, am Abend eine Pizza, eine Nudel oder ein Fritto misto.

Psychologen sagen, jeder Urlaubstag würde den IQ um zwei Prozentpunkte senken, aber das ist großer Unsinn wie so vieles, was Psychologen behaupten: Nein, es fällt einfach viel überflüssiger Ballast ab. Ich habe nirgendwo mehr geschrieben als damals in Jesolo. Und ich habe Thomas Manns »Buddenbrooks« gelesen. Wäre diese Lektüre in Florenz oder Rom möglich gewesen? – Niemals! Wenn ihr euch »Anna Karenina«, »Don Quijote« oder den »Zauberberg« vorgenommen habt, aber nicht dazu kommt – auf nach Jesolo!

Ich könnte nie am Lido di Venezia urlauben, jedenfalls nicht in demselben Entspannungszustand. Die vielen Kunstschätze so nah! Der Blick auf den Campanile und die Kuppeln der Salute-Kirche im fernen sommer-

Wenn ich Jesolo wäre, dann würde ich ausschließlich mit unbeschwertem Stranddasein werben.

lichen Dunst, der sofort ein schlechtes Gewissen macht! Das gewaltige Museo Correr, das sich in den ehemaligen Prokuratien rund um den Markusplatz wickelt, ist nach vielen Jahren der Restaurierung wieder geöffnet worden, das müsste man doch mal ...

Nein, gebt mir den Lido di Jesolo und lasst mich in Ruhe. Wenigstens für eine Woche.

Übrigens hatten die Jesolo-Touristiker eine richtig clevere Idee: Sie haben den Lungomare, also die Flaniermeile am Strand, abschnittsweise nach italienischen TV-Persönlichkeiten benannt – und zwar nach noch lebenden, etwa nach Nancy Brilli und Christian De Sica. Die fühlten sich mächtig geschmeichelt, dass sie eine eigene Straße bekamen, erschienen zur Einweihung und sorgten italienweit für gute Presse.

Doch Jesolo will sich ändern, und das finde ich beinahe schade. Es gibt viele Kulturveranstaltungen, der Öko-Tourismus mit hervorragend ausgebauten, straßenfernen Radwegen wird beworben. Und Jesolo schmückt sich seit ein paar Jahren mit einem erstklassig gepflegten Achtzehn-Loch-Golfplatz.[21]

Aber wenn ich Jesolo wäre, dann würde ich ausschließlich mit unbeschwertem Stranddasein werben. Für Hochkultur sind die übrigen fünfzig Wochen im Jahr da, warum soll ich mich im Urlaub mit Events, Konzerten, Lesungen und Museen oder gar Radtouren abmühen?

***

Und noch eine spannende Entwicklung, die ich bereits auf meiner pizzaofenlosen Dachterrasse angedeutet hatte:

---

21 Im dortigen Schlägershop arbeitet mein Kumpel Arturo, ein ehemaliger Rugbyspieler. Grüßt ihn von mir – ihr erkennt ihn an seiner Physis.

Jesolo hat sich in den letzten Jahren zur Pizza-Hauptstadt des Nordens aufgeschwungen. Vielleicht kann ich von dort doch irgendetwas mitnehmen, was mir nützt, zumal Jesolo sich mir entlang der Adria-Route praktisch in den Weg wirft. Nicht nur dass in rund dreihundert Bewirtungsbetrieben in ganz Jesolo samt Lido Pizza serviert wird: Zuletzt machten zwei Pizzabäcker italienweit Schlagzeilen. Die gewöhnlich tiefenentspannte *Neue Zürcher Zeitung* witterte 2022 gar einen Skandal: Angeblich regte sich halb Italien über eine Pizza für 25 Euro auf, die in einem Mailänder Nobelrestaurant angeboten wurde. Nein, niemand regte sich auf, denn wer in Mailand zu Carlo Cracco geht, der weiß, dass es dort etwas teurer ist. Außerdem: 25 Euro? Lächerlich: Im »Da Robert« in Jesolo gibt es eine Pizza für 99 Euro, mit Blattgold belegt!

Mit solchen Spielereien, die extra fürs Instagram- und Tiktok-Publikum ausgelegt sind, will ich allerdings meine Zeit nicht verschwenden. Ich gehe lieber zu dem zweiten Pizzaiolo, wobei es beinahe unfair ist, Orlando Bortolami, der erst vor ein paar Monaten in Jesolo angekommen ist, nur auf Pizza zu reduzieren.

Vorab: Wer Pizza für Fast Food hält, hat erstens recht und zweitens auch wieder nicht. Wie beispielsweise aus unserer Kartoffel kann daraus alles und nichts entstehen.

Pizza hat eine immense kulturelle Bedeutung, und so wie sich Spanier immer darüber aufregen, auf Flamenco und Stierkampf reduziert zu werden (eine vorwiegend andalusische Tradition), so sind Italiener stinksauer, wenn man sie auf Pizza und Pasta reduziert. Aber ich finde: Es gibt Schlimmeres für die kulturelle Identität eines Landes, als zwei Speisen erfunden zu haben, die zu den beliebtesten Gerichten weltweit zählen.

Und Pizza geht auch in gut. Das beweist Orlando Bortolami, dessen Name schon klingt wie ein klassisches Musikstück. Er sieht überhaupt nicht aus wie irgendjemand, der mit Essen zu tun hat, aber das ist ja bei vielen Italienern so. Massimo Bottura, Italiens bester Koch und rank und schlank, hat ein Buch geschrieben mit dem Titel »Never Trust a Skinny Italian Chef«. Und mein Kollege S. E., der viele Jahre ein Gourmetmagazin leitete, wurde von den freien Mitarbeitern immer seltsam angeschaut, denn er war (und ist) ebenfalls ein Ü50-Mann ohne Bauchansatz. Wie kann man denn als Chef eines Gourmetmagazins so aussehen, fragten die üppiger geratenen freien Mitarbeiter? Und S. E. antwortete: »Wenn ihr glaubt, gutes Essen sei zum Zunehmen da, dann habt ihr grundsätzlich was falsch verstanden.«

Orlando Bortolami jedenfalls sieht aus wie ein Wissenschaftler, und auf eine Art ist er das ja auch. Er sagt Sätze wie diesen: »So habe ich zum Beispiel ein Jahr lang an Studiengruppen über die Verwendung von in Wasser stabilisierten Milchsäurebakterien mit konstanter Bakterienbelastung teilgenommen.«

Sag das noch mal langsam. Und auf Italienisch. Und so, dass es besonders sexy klingt.

»Ad esempio, per dodici mesi ho partecipato a gruppi di studio sull'utilizzo dei batteri lattici stabilizzati in acqua e con carica batterica costante.«

Hach, da kann man doch stundenlang zuhören.

»Ich sehe mich als Philosoph«, sagt der schmale Mann mit der angenehmen Stimme. »Und ich gehöre zur Schule der Häretiker. Jesolo ist für mich die *tana del lupo*«, sagt er. »Wolfsbau« lautet die genaue Übersetzung – »Schlangengrube« trifft es aber besser. Der Neuling, der in einer

Sterneküche lernte, wurde (und wird) angefeindet, ausgelacht, ignoriert, als Snob bezeichnet. Doch er ist ja Häretiker, weicht von der offiziellen Kirchenlehre ab, die billige Massenware propagiert. Und das fängt bei der *materia prima* an. Er betreibt ein paar Kilometer von Jesolo entfernt einen Bio-Bauernhof mit Gemüse und Obst, Kräutern und auch Hühnern. Jeden Morgen wird eingesammelt. Die mit Ricotta gefüllten Zucchiniblüten, die ich zur Vorspeise bekomme, waren vor ein paar Stunden noch auf dem Feld. Auch die dünne Schicht exzellenten Tomaten-Sugos stammt von dort. Orlando nennt seine Küche »retro-innovativ«, daher gibt es auch viele Pizzen ohne Käse, denn Käse, sagt er, sei eine relativ neue Zutat.

»Derzeit Capricciosa mit Spargel. Eigentlich gehören ja Artischocken auf die Capricciosa, aber Spargel passt auch ganz wunderbar.«

Der Rand der Pizza ist übrigens so hoch, erklärt Orlando, damit man ihn etwa auf halber Höhe abreißen und zum Aufstippen der Tomatensauce benutzen kann. Wertvolles Wissen!

Pizza ist eben doch mehr als ein Allerweltsessen. Es ist nach wie vor nicht das Lieblingsgericht unserer Familie, und ich frage ihn nicht nach einem Rezept, denn er hat mir an einem einzigen Abend etwas viel Wichtigeres beigebracht: den Respekt vor jeder einzelnen Zutat. Egal, wie die Umstände sind: Hier dürfen keine Kompromisse gemacht werden. Und wenn das im lauten, großen, hektischen Jesolo gelingt, dann wird es doch wohl erst recht auf der kleinen Fischerinsel Grado gehen.

Am Wegesrand: Der Diktator und die Nudel

Benito Mussolini spielt auf meiner Beschaffungsreise eine nicht unwichtige Rolle, sorgte doch er erst dafür, dass zwei entscheidende Orte für meine Mission – Venedig und Grado – gut zugänglich sind. In Venedig ließ er die Autobrücke bauen (die Eisenbahnbrücke hatten bereits die Österreicher errichtet), in Grado baute er den Deich, der die Insel endgültig mit dem Festland verband.

Dass Benito Mussolini in Italien noch Freunde hat, ist immer wieder verblüffend. Man braucht gar nicht von seinen militärischen Vollkatastrophen zu sprechen – er hat schon in Friedenszeiten auf so ziemlich allen Gebieten spektakulär versagt. »Aber die Züge waren immer pünktlich«, sagen Italiener gern. Kein Kunststück: Mussolini ließ alle Nachrichten verbieten, die über Verspätungen und Ausfälle berichteten.

Wenn all die italienischen Mussolini-Freunde wüssten, welches Verhältnis er zum Essen generell und vor allem zur Nudel hatte, würden sie ihn vielleicht nicht mehr verehren. Denn der Faschist, dessen Vater, ein überzeugter Sozialist, ihn ausgerechnet nach dem linken mexikanischen Präsidenten Benito Juárez benannt hatte, wollte nichts weniger als die Nudel abschaffen. Sie sei für das moderne, dynamische Italien zu schwer und zu klobig, mache die Menschen träge und faul. Mussolinis Vordenker Filippo Marinetti behauptete gar, die Pasta habe die Neapolitaner erst zu skeptischen, ironischen, sentimentalen Menschen gemacht – und außerdem würde die Pasta dem Pazifismus Vorschub leisten. »Die Nudel«, heißt es in Marinettis »Manifest des Futuristischen Kochens«, sei »die absurde gastronomische Tradition Italiens« und »kein Gericht für Krieger«. Stattdessen sollte mehr Reis gegessen werden – auch um Italien unabhängiger von teuren Weizenimporten zu machen. Mussolinis Schergen ließen Reis auch in Süditalien kostenlos verteilen, wo die Menschen das Gesicht verzogen. Bis heute hat sich Reis in Süditalien nicht durchgesetzt. »Reis ist nur etwas für Kranke«, sagt meine Freundin Mariateresa aus Apulien.

Und nicht nur das: Mussolini hasste das Essen, denn ihm wurde davon oft übel. Zum Frühstück gab es bei ihm nur warme Milch, mittags ein Steak, Fisch oder Omelett mit gekochtem Gemüse, abends etwas Milch und ein Stück Obst. Er hatte miserable Tischmanieren und aß ungern in Gesellschaft, außerdem immer im Stehen. Mussolini, das asketische, athletische Kraftpaket (so sah er sich jedenfalls selbst), wollte, dass die Menschen wieder ländlicher und schlichter aßen, und erinnerte an die Legionäre im alten Rom, die den Mittelmeerraum nur mit etwas Brot und ein paar Weintrauben im Magen unterworfen hatten.

Über Mussolinis heute albern wirkende, damals enorm clevere Gesten und theatralische Auftritte ist schon viel erzählt worden. Auch dass er sich gern als Tennisspieler, Fechter, Skifahrer und Radrennfahrer zeigte, am liebsten aber in Pilotenuniform, und dass er jedes Jahr die – gefälschte – Zahl seiner Flugstunden veröffentlichte. Dabei setzte er sich nur ans Steuer, wenn das Flugzeug bereits in der Luft war, und selbst dann war er kein guter Pilot: Unter den deutschen Offizieren sorgte er für Schnappatmung, als er, mit Hitler in einer Maschine auf dem Weg zurück von einem gemeinsamen Truppenbesuch an der Ostfront, darauf bestand, sich ans Steuer der Focke-Wulf »Condor« zu setzen. Ebenfalls an Bord: Außenminister Joachim von Ribbentrop und SS-Führer Heinrich Himmler. An Bord machte sich Bestürzung breit, als Hitlers Privatpilot Hans Baur Mussolini für eine Stunde den Steuerknüppel überließ. »Sie dachten alle an die Schlagzeilen in der Weltpresse, wenn wir gemeinsam abgestürzt wären«, erinnerte sich Filippo Anfusi, der italienische Botschafter in Deutschland, der damals ebenfalls mitgeflogen war.

Lignano: Die verwirrte Deutsche und Joles Pasta

»Niemand ist eine Insel« hieß ein Buch, das bei meiner Großmutter im Regal stand. Der Titel hat mich tief beeindruckt, auch wenn ich ihn als Zehnjähriger überhaupt nicht kapierte. Den Autorennamen fand ich aber sehr schick: Johannes Mario Simmel. Ein hochspannender Mensch, der, wie ich später erfuhr, vom Feuilleton entweder ignoriert oder aufs Übelste zerrissen, von den Leserinnen und Lesern aber geliebt wurde.

Auch auf dem Weg nach Lignano fällt mir der Titel wieder ein. Jetzt verstehe ich ihn, und wie. Denn bei meiner Mission braucht es Verbündete. Niemand ist eine Insel, *capisci*?

In Lignano verfolge ich einen nicht ganz lauteren Plan. Dort gibt es nämlich ein Restaurant, das von den Brüdern Bidin betrieben wird, die gute Kumpels meines Schwiegervaters sind. Es kann, denke ich mir, überhaupt nicht schaden, von ihnen ein wenig Expertise abzugreifen. Und gegebenenfalls meinen Schwiegervater damit zu beeindrucken. Oder jemanden zu haben, auf den ich die Schuld schieben kann, wenn mein Schwiegervater ein Gericht bekrittelt.

Als ich das Restaurant gegen 15 Uhr betrete, wie vereinbart nach Ende der Mittagsschicht, sehe ich im halbdunklen, leeren Raum einen etwas verwirrten Luigi Bidin am Tresen stehen. So einen Gast, sagt er, habe er ja noch nie gehabt. Die Dame habe einen Salat gegessen und mit Münzgeld bezahlt. Nicht mit Euromünzen, sondern mit 10-, 20- und 50-Cent-Münzen. Dann sei sie gegangen, kurz bevor ich aufgetaucht sei. Luigi zeigt mir das Kleingeldmeer auf dem Tresen. *»Una tedesca o un' austriaca«*,

Denn bei meiner Mission braucht es Verbündete. Niemand ist eine Insel, *capisci*?

sagt er. »*Un po' matta.*« Ein bisschen verrückt. Aber er sagte es nicht abwertend, sondern besorgt.

Na, egal: Erst mal ein Glas Wein, findet Luigi und greift mit einer Bewegung, die er schon seit 63 (!) Jahren beherrscht, zur Flasche im Kühlschrank.

»Um diese Zeit trinke ich nicht«, sage ich, denn es ist früher Nachmittag.

Luigi blickt mich an, und ich bin mir ziemlich sicher, mein Italienisch ist gut genug, dass er mich auch versteht. Er schenkt zwei Gläser ein und schiebt mir eines hin. So viel zu meinen Prinzipien, die es nicht mal halb durch den Tag schaffen.

Luigi Bidin, 75 Jahre alt, arbeitet seit seinem zwölften Lebensjahr im Restaurant, damals unter seiner geliebten Mutter Iolanda[22] – jedenfalls, Luigi Bidin brennt noch immer. Er ist ganz hin und weg von dem Wein, der beinahe so intensiv (kein Wunder, bei 14,5 Prozent Alkoholgehalt) duftet wie ein Süßwein. Begeistert zieht er mich in einen Saal, wo sein Laptop steht, und er klickt die *scheda* des Winzers an, murmelt begeistert ein paar Fachbegriffe der Vinifizierung.

Und gerade habe ich mit Luigi ein bisschen geplaudert, da kommt die Frau zurück. Nicht betrunken oder auf Drogen, nur wirklich merkwürdig, verwirrt, mit glasigem Blick. Sie ist Mitte vierzig, trägt ein Strandkleid über ihrem Badeanzug und mehrere Stofftaschen. Sie will erneut ins Restaurant (wo sie doch gerade erst gegessen hatte), und beinahe läuft sie ungebremst in die geschlossene Tür, die, wohlgemerkt, nicht aus Glas ist, sondern aus Massivholz. Ganz verdattert blickt sie sich um.

»Soll ich mit ihr reden?«, frage ich.

---

22 »Heute würde sie dafür in den Knast kommen«, sagt Luigi und legt die Hände über Kreuz, wie zum Anlegen von Handschellen.

»No, no, faccio io.«

Luigi öffnet die Tür und fragt in gutem Deutsch, ob sie ein Glas Wasser brauche oder auf die Toilette möchte. Sie schüttelt den Kopf und setzt sich draußen auf die völlig leere Terrasse. Dort wartet sie zwei Minuten, dann, plötzlich ganz in Eile, rafft sie ihre Sachen zusammen, stürmt davon. Wir blicken ihr nach. Luigi Bidin schiebt die Unterlippe vor und hebt den Kopf an, eine Geste, die ich sofort imitiere. Und das war das.

***

Lignano ist der Realität gewordene feuchte Traum jedes Touristikers. Das Problem ist nur: Der feuchte Traum wurde in den 1960er-Jahren geträumt und ist wahr geworden, als man Urlaub noch ganz anders dachte. So besteht Lignano wie der Nachbarort Bibione aus breiten Alleen, grellen Vergnügungsparks, Geschrei und Großpizzerien. Der Strand ist wirklich schön, breit und feinsandig. Und Lignano hat auch sehr angenehme Ecken[23], wir sind schließlich in Italien, wo es großflächige Hässlichkeit nicht gibt. Aber insgesamt muss man schon manchmal die Augen zusammenkneifen.

Ach ja, das Bidin! Ein Leuchtturm in Lignano, seit 1980 gibt es das Spitzenrestaurant. Und schon vorher kochte Familie Bidin im Restaurant gegenüber, immer unter der Ägide von *mamma* Iolanda, genannt Jole.[24] *Mamma* ist eine Persönlichkeit, die zwar nicht mehr lebt, aber immer noch präsent ist, auf den Fotos an den Wänden und auch auf der Speisekarte, wie wir gleich sehen werden.

---

23 …und überdies einen der beliebtesten Golfplätze Italiens. Könnt ihr mal sehen.

24 Es wurde mir von beiden Brüdern penibel in den Notizblock diktiert: Ihre »mamma« schrieb sich mit I, ihr Spitzname aber mit J.

Nein, eine echte Spezialität von Lignano gibt es nicht, gesteht Marino Bidin, der aus der Küche kommt und sich zu uns setzt. Er ist 72 Jahre alt. Und Schwester Marisa ist 82 – sie kommt ein paar Mal die Woche am Vormittag und bereitet den Baccalà vor. Außerdem kocht sie den Sugo zu den weithin gerühmten Tagliatelle alla mamma Jole. Wobei ihre *mamma* eigentlich selbstgemachte Pappardelle nahm, spezifiziert Luigi. Die Tagliatelle werden mit weißem Ragù gemacht, also ohne Tomaten.

Und das Rezept geht so: Zwiebeln, Sellerie und Karotten in Öl anbraten. Mit Weißwein *und* Rotwein ablöschen, das ist ganz wichtig, sagt Marino – es ist sein Zaubertrick. Flamme klein stellen, Fleisch dazugeben. Welches? Typisches Hackfleisch, aber auch Innereien wie Hühnerleber und Herz und eigentlich alles, was gerade da ist, denn Ragù ist ein Arme-Leute-Gericht, bei dem alles verwertet wurde, was auf dem Markt nicht verkauft werden konnte. Und jetzt darf sich das Gericht mit ökologischen Sternchen auszeichnen, denn die Verwertung des Tieres *nose to tail*, also von der Nase bis zum Schwanz, ist ja das Motto vieler angesagter Restaurants aus Respekt vor dem Tier. In Italien wird das seit Jahrhunderten beherzigt.[25]

Dann drei bis vier Stunden auf kleiner Flamme köcheln lassen, damit alles schön amalgamiert (da haben wir's wieder), und mit einem breiten Grinsen servieren.

Wir müssen noch kurz über Luigi und Marino reden, diese unverschämt gutaussehenden Ü70-Kerle. Luigi hat

---

25 Das Konzept heißt »quinto quarto« – früher ging das erste und beste Viertel des geschlachteten Tieres an den Adel, das zweite Viertel an die Kirche, das dritte Viertel an die wohlhabenden Bürger und das vierte Viertel an die Soldaten. Für das Proletariat blieb nur das »fünfte« Viertel übrig, die Innereien. Mein Kumpel Paolo D'Ercole serviert in Rom in seinem Eufrosino, einer ehemaligen Autowerkstatt, das Cibreo, ein Gericht aus den Resten von Huhn und Hahn: Herz, Leber, Kamm, Hoden.

mit Ende fünfzig noch einmal geheiratet, eine bezaubernde Spanierin namens Maria, und er ist mit 59 Vater geworden. Er liebt seine Tochter über alles, doch eines versteht er nicht (und schon sind wir wieder beim Essen): Wenn er mit Weißweinessig hantiert, »hält sie sich die Nase zu und setzt sich an den Nebentisch«. Sarde in saor gehen für seine Tochter nicht, und Luigi ist darüber sehr unglücklich, wie es nur essensvernarrte Italiener sein können. Und ich finde es tröstlich, dass es einem anderen fischophilen Vater mit seiner fischophoben Tochter ähnlich geht wie mir.

Noch eine interessante Kreation von Marino Bidin: Spaghetti aglio, olio e peperoncino mit Canocce, jenen köstlichen kleinen Krebsen, die hässlich sind wie der Hunger[26], aber beinahe süßlich schmecken und deswegen perfekt zu den scharfen Spaghetti passen.

Draußen an der Tür – jener Tür, die der verwirrten Dame beinahe eine gebrochene Nase beschert hatte – hängt ein großes Schild: *No pizza*. Denn Bidin ist so ziemlich der einzige Laden in Lignano, in dem es keine Pizza gibt. Das merken viele Gäste aber erst, wenn sie sich schon hingesetzt, alles betatscht und vielleicht sogar auch schon Getränke bestellt haben. Um peinliche Situationen für beide Seiten und Mehrarbeit für das Personal zu vermeiden, musste das Schild her.

Ich habe noch lange an die rätselhafte Besucherin gedacht. Hätte ich etwas tun sollen? Andererseits: Man kann eben nicht die ganze Welt retten. Leider. Aber man kann die Welt ein kleines bisschen besser machen. Zum Beispiel indem man das Rezept von *mamma* Joles Ragù veröffentlicht. Oder es für Familie und Freunde kocht.

---

26 »Brutto come la fame« – auch in den Sprichwörtern dreht sich in Italien alles ums Essen und Trinken. Noch ein Beispiel: Wir germanischen Waldmenschen sind »aus demselben Holz geschnitzt«, im Italienischen heißt es: »Siamo della stessa pasta« – wir sind »aus demselben Teig«.

Am Wegesrand: Der Koch, der Dieb, keine Frau und kein Liebhaber

Das einflussreichste Kochbuch der italienischen Geschichte erschien 1891: Pellegrino Artusi veröffentlichte »Von der Wissenschaft des Kochens und der Kunst des Genießens«. Viele der angeblich vor vielen Generationen entstandenen italienischen Rezepte, von Vorfahr zu Vorfahr weitergetragen, stammen in Wirklichkeit aus diesem Buch, aber sprecht das, falls ihr mit einer Italienerin oder einem Italiener verheiratet seid, nur in besonders günstigen Momenten an. Wenn überhaupt. Und auf gar keinen Fall, wenn die Schwiegermutter dabei ist; ich spreche da aus Erfahrung.

Ich habe eine besonders schöne Ausgabe von Artusis Buch daheim*, aber beinahe noch interessanter als die Rezepte ist die Geschichte des Mannes, der sie niederschrieb.

Artusi war ein anständiger, freundlicher Mensch, den jeder gernhatte: Sein auffallendes Äußeres (Zylinder, mächtiger Backenbart) war schon damals nicht mehr modern. Artusis Meisterwerk enthält nicht nur Rezepte, sondern auch humorvolle Anekdoten in einem angenehmen Plauderton: »Mit diesem praktischen Handbuch brauchen Sie nur zu wissen, wie man einen Löffel hält, dann schaffen Sie das schon«, heißt es im Vorwort. Er lebte mit einem Diener und einem Koch in Florenz, heiratete nie und starb mit neunzig Jahren.

Das Kochen war seine Flucht vor einem entsetzlichen Erlebnis, das italienische Geschichte schrieb. In der

---

* Unter www.pellegrinoartusi.it könnt ihr das Buch mit seinen 790 Rezepten kostenlos als PDF anschauen und herunterladen, allerdings auf Italienisch. Eine sehr angenehme Art, die Sprachkenntnisse zu vertiefen.

Romagna trieb der Räuber Stefano Pelloni sein Unwesen, genannt *Il Passatore,* »der Fährschiffer«, nach der einzigen ehrlichen Arbeit, die er ein paar Monate lang ausgeübt hatte. Seine Bande ging außergewöhnlich brutal vor, folterte, vergewaltigte und mordete. Die *briganti* traten bewusst so grausam auf, um sich Respekt zu verschaffen, auch ließen sie ihre geschändeten und verwundeten Opfer vor ihrem Rückzug sehr genau wissen, wer ihnen das angetan hatte. Mehrere Gendarmerieeinheiten wurden um das Jahr 1850 in das Gebiet entsandt, um den Fährschiffer zu stellen, doch der kannte die Umgebung allzu gut und entkam immer wieder. Dann ersann er seinen schrecklichsten Geniestreich: Er und seine Mannen überfielen während einer ausverkauften Vorstellung das Theater von Artusis Heimatort Forlimpopoli, stürmten auf die Bühne, richteten ihre Gewehre aufs Publikum und nahmen die anwesenden Damen und Herren als Geiseln. Dann führte eine Gruppe der Räuber die Herren einzeln nacheinander in ihre Villen, um alles Wertvolle zu stehlen, zurückzukehren und auf der Bühne aufzutürmen.

Artusis Vater, ein wohlhabender Lebensmittelhändler, war nicht im Publikum, dennoch klopfte es an jenem Abend an seiner Tür. Er hörte die Stimme eines Bekannten und öffnete – und sogleich stürmten die Räuber ins Haus. Artusis Vater fiel vor Schreck in Ohnmacht, und nun waren die Gattin, der 29-jährige Pellegrino und seine sechs Schwestern auf sich gestellt. Pellegrino versicherte den Banditen, er werde ihnen alle Wertgegenstände aushändigen und nichts vorenthalten, dennoch eskalierte die Situation, als seine Mutter zu fliehen versuchte und an der Haustür niedergeschlagen wurde. Drei der jüngsten Schwestern hatten sich in ihrem Zimmer im ersten Stock verbarrikadiert, die Banditen schlugen die Tür mit einer Axt ein und wollten alle drei erschießen, entschlossen sich dann aber doch zur Vergewaltigung, während Pellegrino, der dazwischenging, bewusstlos geprügelt wurde. Eine der missbrauchten Schwestern verfiel dem Wahnsinn und verbrachte den Rest ihres Lebens in einer Nervenheilanstalt. Die Familie verkaufte ihren Besitz und zog nach Florenz. Pellegrino Artusi war entschlossen, der grausamen Welt den Rücken zu kehren, und widmete sich in der Versuchsküche in seiner neuen Wohnung über Jahrzehnte allen nur erdenklichen kulinarischen Köstlichkeiten.

Zwei Monate nach dem Überfall war *Il Passatore* tot – ein Polizist erschoss ihn auf der Flucht. Er wird bizarrerweise heute als Volksheld verehrt, wie ein Robin Hood, und so manche Unternehmer machen mit ihm Kasse, indem sie ihre Weine oder sonstige Spezialitäten nach ihm benennen. Das berühmte Langstreckenrennen von Florenz nach Faenza heißt seit 1973 tatsächlich »100 km del Passatore«. Meine Frau kommentiert schulterzuckend: »Menschen sind dumm. Menschen essen Blutwurst.«

Die Lagune von Marano: Wein mitten aus dem Wasser

»Wie viel Wein brauchen wir?«, frage ich telefonisch bei Laura nach, als ich das Auto in Marano geparkt habe.

Diese Frage macht viel auf. Ein ganzes Weinfass, gewissermaßen. Denn der wahre Unterschied zwischen uns (also mir) und den Italienern (also meiner Familie) lässt sich wohl am besten mit dem etwas ältlichen Begriff »Genügsamkeit« umschreiben.

Ich kann es zum Beispiel nicht begreifen, wie man nur exakt ein einziges Stück Schokolade essen kann, zumal dann, wenn die Tafel den ganzen Abend neben einem liegt. Selbst meine Töchter können sich zusammenreißen. Ich schaffe das nicht. Ich futtere alles weg, quäle mich danach zur Strafe mit Bauchschmerzen und am nächsten Tag mit einer Extraschicht im Gym.

Mit dem Wein ist es ähnlich, zumal auf Partys. Meine Lieblingstheorie zum Wein wurde schon in den 1990er-Jahren von UCLA-Professor Robert Dudley aufgestellt, sorgte aber erst 2014 mit einem Beitrag seines Teams in einer Wissenschaftszeitung weltweit für Aufsehen: Die »Theorie des betrunkenen Affen« vermutet, dass Alkohol in unserer Entwicklung eine große Rolle spielt: Unsere primitiven Vorfahren entdeckten schon vor Millionen von Jahren überreife und gärende Früchte als exzellente, kalorienreiche Nahrungsquelle. Und Kalorien waren nicht nur nötig, um zu überleben, sondern auch, um unser Hirn wachsen zu lassen und uns letztlich zu den Menschen von heute zu entwickeln. Dudley vermutet, dass Alkoholmissbrauch deswegen so häufig vorkommt, weil wir in unserer Genetik das Verlangen nach Ethanol geradezu eingebrannt haben. Ethanol ist zudem ein flüchtiges Molekül, das Primaten leicht erschnuppern konnten und das die Verlangensschalter umlegte, so wie bei uns heute. Manche Sachen ändern sich nie!

Ein einziges Glas – mein Schwiegervater schafft das. Meine Frau auch. Sie sind genügsam. Ich bin es nicht. Was ist das Leben ohne Wein? Ich bin in der Braunschweiger Kneipe Zapfhahn sozialisiert worden[27], wo du das erste Pils schon in die Hand gedrückt bekamst, wenn du im Türrahmen erschienen bist. Ich lange gern zu. Und nehme für mein Fest mich selbst zum Maßstab.

Klar, ich mache meine Pausen, oft viele Wochen lang, und ich achte genau darauf, dass nichts zur Gewohnheit wird. Aber sagen wir's mal so: Menschen, die mir zum Geburtstag eine Konstruktion schenken, die angebrochene Weinflaschen mit einem raffinierten Verschluss versieht, kennen mich nicht sehr gut.

»Per la festa?«, fragt Laura.

»Genau.«

»Meno che pensi.« Weniger, als ich denke. Jaja, ich weiß. Wein ist glücklicherweise haltbar. Aber ich weiß jetzt schon, dass ich für das Fest mindestens acht Flaschen kalt stellen und vier Flaschen vorab öffnen und immer wieder besorgt schauen werde, ob es denn reicht. Am Ende ist nicht einmal die zweite Flasche leer. Garantiert wird es wieder so kommen. Aber macht ja nichts. Irgendjemand schenkt mir ja zum Geburtstag eine komplizierte Apparatur, mit der sich eine zylindrige Silikonform in den Flaschenhals pressen lässt.

***

27 Inzwischen ein Nagelstudio. Sic transit gloria mundi.

Jetzt rein in den Wein. Wer immer unter mangelndem Selbstbewusstsein leidet, muss rasch Clara Bortolusso besuchen, denn die zupackende Winzerin hat mir das Gefühl gegeben, der klügste Mensch der Welt zu sein. Aber reden wir zunächst über die Familie Bortolusso, die mindestens seit dem Jahr 1923 Wein anbaut. Emiro Bortolusso, Claras Vater, ging mit seiner Frau Maria in den 1960er-Jahren nach London, weil es mit dem Wein nichts mehr zu verdienen gab. Emiro hieß Emiro – ein sehr ungewöhnlicher Name für einen Norditaliener –, weil dessen Vater Francesco im Zweiten Weltkrieg an die gerade zusammenbrechende Ostfront verschickt werden sollte, doch ein befreundeter Kapitän der Marine, ein Sizilianer namens Emiro, bewahrte Francesco vor diesem möglichen Todesurteil, und der junge Soldat versprach dem Kapitän, seinen erstgeborenen Sohn nach ihm zu benennen.

Das blutjunge Paar fand eine Anstellung bei einer englischen Adelsfamilie, eng verwandt mit den Windsors, er als Hofmeister, also Chef der Dienerschaft, sie als Köchin. Sie verdienten gut, und Emiro spürte im fernen London, dass der Weinbau doch bald wieder ein Thema werden würde. Als immer mehr friulanische Bauern und Winzer ihr Land loswerden wollten, weil sie es satthatten, für winzige Lire-Beträge auf den Feldern zu schuften, wo es doch in den Fabriken leichter und sicherer Geld zu verdienen gab, schickte er Geld zurück nach Italien, um Land zu kaufen.

Und dieses Land liegt direkt an der Lagune von Marano. Ja, tatsächlich, das Weingut Bortolusso ist das einzige an der Oberen Adria, das seinen Wein direkt in die Lagune wachsen lässt; die Linien der Rebstöcke sind durchzogen von Kanälen mit Lagunenwasser.[28] Immerhin 45 Hektar bewirtschaften sie, was pro Jahr 300.000 Flaschen ergibt, und der salzige Lagunenboden sowie der stete Wind vom Meer sorgt für eine besondere *sappidità*, eine frische, mineralische Salzigkeit. Ihr Sauvignon hat zahlreiche Auszeichnungen gewonnen, aber am besten schmecke ich die Besonderheit des Terroirs beim Friulano. (Du liebe Zeit, jetzt klinge ich wirklich wie einer dieser selbsternannten Weinkenner.) Das ergibt einen vorzüglichen Sommerwein, und der soll mit seinem Adriageschmack *das* Getränk meiner Party werden.

Als ich auf der Fahrt zu Bortolusso wegen Mäharbeiten kurz an einer Straßensperre stand, ist mir ganz plötzlich etwas eingefallen, das meinen Schwiegervater auszeichnet. Wenn er zum Essen lädt, schafft er es immer, über die Gerichte etwas Interessantes zu erzählen, eine kleine Anekdote nur oder eine Erinnerung von früher. Und sofort schmeckt es besser, weil man mit der Speise eine Geschichte verbindet. Das ist sein persönlicher Trick – eine charmante Sache, die ich mir mit dem Wein aus der Lagune und der Familiengeschichte der Bortolussos auch zunutze machen möchte. Außerdem: Möge das Urteil meiner geladenen Gäste über die gereichten Speisen durch reichlich Friulano einen gnädigen Schleier bekommen.

---

28 Zugegeben, es gibt hier und da ein paar ähnliche Versuche, aber nie so groß (oder traditionsreich) wie bei den Bortolussos. Unter anderem hat der exzentrische Franzose Michel Thoulouze mitten auf Venedigs Insel Sant'Erasmo seine Reben gepflanzt. Thoulouze war einst der Berlusconi Frankreichs und besaß mehrere TV-Sender, doch statt das Geld auf seine alten Tage mit leichten Mädchen, wilden Partys und politischen Abenteuern zu verjubeln, hat sich der Achtzigjährige ein Anwesen in Venedig und Land auf Sant'Erasmo gekauft, um sich dem Weinbau zu widmen.

Und warum tut Clara meinem Selbstbewusstsein gut? Weil sie alles, was ich hervorbringe, mit *bravo!* kommentiert. Enthusiastisch, als würde sie einem Deutschen, der durch ihren Betrieb läuft, nicht das geringste Wissen über Wein und dessen Herstellung zutrauen. Obwohl – vielleicht sind wir ja doch wieder beim Klischee gelandet, dem ich nicht einmal hier, an der Lagune von Marano, entgehen kann. *Bravo!* sagt sie, als ich richtig errate, dass in den Stahltanks der Weißwein entsteht, *Bravo!* sagt sie, als ich die Anlage zur Abfüllung der Flaschen korrekt als Anlage zur Abfüllung der Flaschen identifiziere.

Oder hat sie es wirklich nur mit deutschsprachigen Idioten zu tun? Nein, ich glaube nicht. Sie will einfach, dass sich ihre Besucher wohlfühlen. Und das tue ich. Und als ich am Ende den vierten Weinkarton in den Kofferraum wuchte, obwohl es doch zwei getan hätten, denke ich mir: Ja, verflixt, das war eine wirklich gute Verkaufsstrategie.

Paolo Monelli, der große Genießer und ein Redakteur des *Corriere della Sera,* gibt uns übrigens noch folgenden nützlichen Tipp mit auf unsere Genussreise: »Mit dem Handrücken wischen wir uns nach jedem Trunk die Lippen ab, wie es die Anstandsregeln unter erfahrenen Trinkern vorschreiben, denn der fade Stoff der Servietten soll den Nachgeschmack des Weines nicht allzu brüsk von den Lippen tilgen.«

Aquileia: Der geheimnisvolle Goldschatz und das große Gerüttel

»Mit Weißwein *und* Rotwein ablöschen, das muss ich mal versuchen«, berichte ich Laura am Abend von meinem Lignano-Interview.

»Nein.«

»Doch.«

»Nicht zum Fest. Das ist zu viel.«

»Warum denn nicht? Das lässt sich doch gut vorbereiten!« Der Hintergrund ist, dass mein Ragù wirklich gut schmeckt, und dass ich damit gewissermaßen ein ganz sicheres Gericht in der Hinterhand hätte, wenn alles schiefgehen sollte – ein Gericht, das einst von meiner Schwiegermutter approbiert wurde, wenn auch mit Einschränkungen. Und mit dem Weißwein-Rotwein-Trick hätte ich gleich was zu erzählen am Tisch und würde für ein kulinarisches Genie gehalten werden. Und ich hätte, wie geplant, gleich die Brüder Bidin ins Spiel bringen und damit meinen Schwiegervater ins Schach setzen können.

»Nein.«

»Doch.«

»Nein«, ruft Laura und verschwindet in der Küche.

»Doch«, rufe ich und verschwinde in der Garage.

Ich sitze schon längst im Auto und bin zwei Kilometer von meiner Wohnung entfernt, als ich ein schwaches »Nein« höre, und ich könnte schwören, ich habe es mir nicht bloß eingebildet.

Ja, der Weg nach Aquileia ist ein Schlenker zurück aufs Festland, aber der Umweg dient einer guten Sache, außerdem sind wir einem Schatz auf der Spur. Und immerhin war Aquileia einst ein wichtiger Hafen der

Römer. Der Hafen ist mittlerweile versandet, dennoch führen einige schiffbare Kanäle bis heute in die Lagune und damit aufs Meer.

In Aquileia wartet auf mich das große Gerüttel. Frico ist *die* friulanische Spezialität, ein köstlicher Kartoffel-Käse-Fladen, und obwohl er nur aus ganz wenigen Zutaten besteht, ist er irre aufwendig hinzubekommen. Deswegen gibt es ihn in Restaurants meistens als Hauptgericht, denn die Zubereitung dauert mindestens dreißig Minuten, wenn er nicht konfektioniert ist, was sich aber kein anständiges Restaurant erlaubt. Sebastiano, ein erstklassiger Koch, gibt mir hier in Aquileia das Rezept und die Tipps. Ihr müsst halt etwas Zeit einplanen. Warum ich Frico brauche, habe ich ja schon erwähnt: Meine älteste Tochter, in Grado geboren und aufgewachsen, isst keinen Fisch. Und ihre beste Freundin, die Tochter eines Fischers (!), auch nicht. Da ich meine älteste Tochter aber sehr gernhabe und ich nicht will, dass sie mit vorwurfsvollen Augen und verschränkten Armen an meiner Geburtstagstafel sitzt, werde ich ihr einen Frico zaubern, der sich gewaschen hat. Mit meiner jüngsten Tochter gibt es diese Probleme übrigens nicht: Sie isst alles, was nicht zuerst *sie* isst.

Aber reden wir erst über Aquileia, diesen unglaublich faszinierenden Ort, ein paar Steinwürfe von Grado entfernt. Aquileia war einst eine Garnisonsstadt und mit vermutlich mehr als hunderttausend Einwohnern die größte Stadt des Imperiums nach Rom. Hier sollten die Barbaren aus dem Osten aufgehalten werden, und historische Schlüsselfiguren wie Augustus und Herodes machten dort nachweislich mehrere Male Station. Unter Augustus blühte das Römische Reich auf und wurde zu einer Weltmacht, die mehr als nur archäologische Spuren hinterlassen hat, nicht zuletzt ein Straßensystem von Schottland bis in den Irak.[29] Augustus' Ziehvater Julius Cäsar brach von Aquileia aus mit seinen Legionen auf, um die Gallier zu besiegen, was der Anfang vom Ende der Römischen Republik war. Im Jahr 452 zerstörte Attila die Stadt, wie es seine Art war: mit viel Liebe, Hingabe und Gründlichkeit. Ihr könnt sagen, was ihr wollt, aber B-Promis waren das alles nicht.

Vor dem Caffè Mosaico direkt am Hauptplatz von Aquileia kommt Sebastiano angeknattert, auf einer Vespa in Knallrot. Und das ist, entgegen dem Klischee, zumindest in meiner Gegend ein sehr seltenes Bild. Die Vespa ist was für die Stadt, nicht fürs Land. Einer der ganz wenigen, der in Grado und Aquileia Vespa fährt (in Himmelblau noch dazu), ist außer Sebastiano mein Schwiegervater.

Sebastiano ist ein sehniger Kerl Mitte fünfzig mit kahlrasiertem Schädel. Und er hat die tiefste Stimme, die ich je von einem Menschen vernommen habe. Es ist, als würden seine Stimmbänder in Testosteron schwimmen. Wenn er spricht, verstummen die Gespräche an den Nachbartischen, dabei spricht er nicht einmal sehr laut. Aber er ist wie ein Bassinstrument, und die Getränke vibrieren im Glas wie bei »Jurassic Park«, wenn der T-Rex kommt. Er trinkt seinen Espresso schwarz. Was genau er beruflich macht, ist nicht ganz klar. Er kommt aus gutem Hause, wo das Geld noch für seine Generation reichen wird. Mit großer Hingabe widmet

29 Die Römer haben übrigens auch die Verkehrsmeldungen erfunden: So wurden in den umliegenden Gemeinden Warnungen ausgesprochen und auch ausgehängt, aufgrund des zu erwartenden Gedränges zu bestimmten hohen Festtagen nicht in die Hauptstadt des Imperiums zu fahren. Julius Cäsar war so genervt von den Staus, dass er höchstselbst einige Gesetze dagegen erlassen hat

er sich seiner Leidenschaft, den *Rievocazioni storici*, außerdem schreibt er Gedichte. *Rievocazioni storici* sind Veranstaltungen, in denen Vereine und interessierte Gruppen für ein Wochenende das Römische Reich wieder aufleben lassen, mit Zeltlagern und in historischen Rüstungen; einmal haben sie mitten in Aquileia eine römische Garnison nachgebaut, genau so, wie wir es aus den Asterix-Comics kennen. Sebastiano hat sich seine Legionärsuniform selbst gebastelt – sie ist »echt«, besteht also tatsächlich aus Metall und könnte in einer Schlacht bestehen. Zu einem meiner Geburtstage, als meine Frau eine Überraschungsparty für mich organisiert hatte, kam Sebastiano mit einer voll ausgerüsteten kleinen Kohorte anmarschiert. Das machte, wie ihr euch vorstellen könnt, schwer Eindruck auf meine deutschen Freunde.

»Ganz Aquileia ist ein Abenteuer«, sagt Sebastiano. »Egal wo du suchst, du findest immer was.« Und ich weiß einfach, dass er mit seinem ausgeprägten Traditionsbewusstsein der richtige Mann für den Frico ist.

Ich lasse mich von Sebastianos Enthusiasmus anstecken, und wir gehen spazieren. Der Rundgang auf alten römischen Wegen und vorbei an den Ruinen des alten Flusshafens ist gratis, die Basilika und das archäologische Museum kosten Eintritt. Und jetzt kommt etwas typisch Italienisches: Es gibt zwei Info-Points und zwei Kartenschalter (wohlgemerkt, in einem Dreitausend-Einwohner-Örtchen), denn die Basilika und das danebenliegende Baptisterium werden von der Gemeinde unterhalten, das Museum hingegen vom italienischen Staat.

Die Basilika in ihrer romanisch-schlichten Architektur und mit dem gewaltigen Mosaikfußboden – übrigens das größte zusammenhängende Mosaikbild der Christenheit – ist wirklich beeindruckend. Für das Innere der Kirche hatte jemand eine wirklich gute Idee gehabt: Statt direkt über den Marmorboden latschen zu müssen, wurden gläserne Brücken gebaut, die nicht nur das Kunstwerk schonen, sondern den Besuchern, aus etwa einem Meter Höhe, auch einen viel besseren Überblick geben. Kaum zu fassen, dass dieses atemberaubende Kunstwerk Jahrhunderte unter einer dicken Erdschicht verborgen lag und eher zufällig entdeckt wurde.

Rechts vorn in der Torriani-Privatkapelle, angebaut von einer Familie reicher Sünder (Vater und Sohn liegen dort in wuchtigen Sarkophagen), hält eine, man kann es nicht anders sagen, doch ziemlich füllige Maria das Jesuskind auf dem Arm. In der Krypta gleich daneben befinden sich Knochenreste frühchristlicher Märtyrer, viele der Knochen sind mit Bändchen und Schleifchen versehen. Ein weiterer Abstieg links vorn führt zu Überresten einer römischen Villa aus dem 4. Jahrhundert.

»Aquileia könnte das Pompeji des Nordens werden«, seufzt Sebastiano, als wir über die Via Flavia Augusta flanieren. »Aber die Einwohner wollen nicht.« Aquileia ist nämlich eine traditionell tiefrote Stadt mit ganz linken Bürgermeistern und einem einwöchigen, von den Kommunisten organisierten Sommerfest, das *festa dell'unità* heißt, und das harmlose *unità*, »Einheit«, ist ein linkes Schlagwort, auch die am weitesten linksstehende Tageszeitung heißt *L'Unità* und war bis 1991 die Parteizeitung der Partita Comunista Italiano. Für die meisten Menschen hier ist Tourismus gleichbedeutend mit seelenloser Geschäftemacherei.

Aber es ist alles ein bisschen besser geworden. Viele der Ausgrabungen waren jahrelang mit schwarzer, rissiger Plastikfolie bedeckt; das Gelände sah aus wie ein verlassenes Spargelfeld. Ehrlicherweise muss man sagen, dass die Pflege der Denkmäler nicht gerade eine Stärke der Italiener ist. Bis zum Beginn des 20. Jahrhunderts bedienten sich die Einwohner bei den Ausgrabungen wie aus einem Steinbruch. Fotos aus der Zeit zeigen Bauernhäuser aus wuchtigen römischen Quadersteinen mit windschiefen Stroh- und Holzdächern.

***

Als Attila im Jahr 452 anrückte, flüchteten die Aquileianer in die Lagune und besiedelten Grado. Und die Gradeser wiederum glauben, dass von hier aus Venedig besiedelt wurde; sie halten sich für die *madre di Venezia*, Venedigs Mutter. Richtig ist, dass Venedig eine der wenigen italienischen Städte ist, die in der Römerzeit noch nicht existierten, auch gibt es verblüffende Ähnlichkeiten zwischen dem Gradeser Inseldialekt und dem venezianischen Dialekt. Zudem hieß eine einflussreiche Familie der Serenissima, die gleich drei Dogen stellte, Gradenigo und schien aus Grado zu stammen.

Was uns zu einem Mythos bringt, der sich bis heute hartnäckig hält: Die wohlhabenden Einwohner Aquileias – immerhin war man ja Bischofssitz – waren bei der Flucht vor dem geheimnisvollen Volk aus der Steppe davon überzeugt, ihre Heimat nur kurzfristig aufgeben zu müssen, und sie versteckten ihre Goldschätze daher in einem Brunnen, der anschließend zugeschüttet wurde.

Doch die Hunnen blieben länger als erwartet, das Wissen um den Standort des Brunnens ging verloren, und der Goldschatz wartet bis heute auf seine Entdeckung.

Wer – noch bis ins 20. Jahrhundert hinein – in Aquileia ein Grundstück kaufte, musste im Kaufvertrag einer Klausel zustimmen, dass eventuell zu entdeckende Schätze noch dem Alteigentümer zufließen würden.

Nicht nur die Flüchtenden ließen mutmaßlich einen Schatz zurück: Auch Attila, der mehrere Monate mit seinem Heerlager in der Gegend des heutigen Palmanova verbrachte[30], soll einen Schatz zurückgelassen haben. In Aquileia gab es nämlich reichlich zu plündern, die Bewohner konnten ja nur mitnehmen, was sie tragen konnten und was auf die Boote passte. Attila seinerseits soll seine geraubten Preziosen ebenfalls irgendwo in der Region versteckt haben, um sie später, wenn er das Gebiet vollständig unterworfen hatte, ganz in Ruhe zu bergen. Wer konnte auch ahnen, dass er von einer seiner Ehefrauen vergiftet wurde? Zu den möglichen Verstecken gehören die ehemaligen Reisfelder von San Giorgio am Tagliamento, die Lagune von Marano (angeblich gibt es sogar eine Schatzkarte – beim nächsten Weinkauf frage ich die Bortolussos) oder die unterirdischen Gewölbe von Palmanova. Manche Gradeser behaupten gar, der Schatz würde sich auf der Laguneninsel Anfora befinden, aber dort wäre er wohl längst gefunden worden. Und wie soll der Schatz überhaupt dorthin gekommen sein, wenn die Hunnen doch keine Seefahrer waren? Aber Logik und gesunder Menschenverstand stehen guten Geschichten ohnehin nur im Weg.

»Es gibt noch Leute, die danach suchen«, erzählt Sebastiano. »Ich habe es auch probiert.«

»Glaubst du wirklich an verborgene Schätze?«

---

30 Er hauste lieber in zugigen Zelten statt in den römischen Villen, die er zuvor in Aquileia zerstört hatte – obwohl die über fließendes Wasser, funktionierende Aborte und beheizte Pools verfügten, aber jeder, wie er mag.

Manchmal musst du
an Dinge *glauben*.
Das macht das
Leben interessant.

Sebastiano lächelt und zeigt seine gewaltige Zahnlücke zwischen den Schneidezähnen. »Manchmal musst du an Dinge *glauben*. Das macht das Leben interessant.«

***

Hunger bekommen? Ich auch. Wir stehen bei Sebastiano in der Küche und legen los. Zuerst wird eine halbe Zwiebel gewürfelt. Dann werden rohe Kartoffeln, möglichst älter und festkochend, geraspelt. Dann braucht ihr zu gleichen Teilen drei Reifegrade des typischen Montasio-Käses, nämlich jung, mittelreif und schön reif. Den Käse reibt ihr. Das Verhältnis von Kartoffelberg zu Käseberg sollte etwa 50 : 50 betragen, ein leicht kartoffeliges Übergewicht ist in Ordnung. Das Reiben erspart eine halbe Stunde im Fitnessstudio. (Oder Sebastianos Reibe ist stumpf.)

Mehr Zutaten braucht ihr nicht. Also kein Salz und kein Fett; davon habt ihr im Käse mehr als genug.

In der Pfanne brät Sebastiano auf kleiner Flamme die Zwiebelwürfel an, dann kommt der Kartoffelberg dazu, ein paar Minuten später der Käse. Und jetzt kommt der problematische Teil: Die Pfanne muss ständig geschwenkt und gerüttelt werden, damit nichts anbrennt, und vor allem müsst ihr das austretende Fett immer wieder vorsichtig abgießen. Das erspart eine weitere halbe Stunde im Gym. Ihr solltet den Fladen, wenn er sich verfestigt hat, auch vorsichtig wenden, damit er gleichmäßig bräunt. Sebastiano nimmt dazu eine zweite Pfanne – auf das austropfende Fett achten!

Das Gute am Frico ist: Selbst wenn er nicht sehr gelungen aussieht, schmeckt er immer noch köstlich.

Eine Variation, die mir Sebastiano gestattet: Die Zwiebelwürfel brennen in einer komplett trockenen Pfanne schnell an, daher ist ein Mini-Tropfen Öl erlaubt, das ja dann mit dem Fett abgegossen wird.

Wir genießen den Frico und trinken dazu ein Glas Merlot. Unfassbar, wie köstlich das schmeckt. Kartoffeln, Käse, Zwiebeln, vergorene Weintrauben: Ich habe das Gefühl, den Rest meines Lebens mit dieser Diät verbringen zu können. Der *fogher,* der typische friulanische Kamin mit der Sitzbank drumherum, bleibt aus, aber viel zu erzählen gibt es dennoch.

»Und warum ist das Römische Reich deiner Meinung nach wirklich zusammengebrochen?«, frage ich ihn an diesem historischen Ort.

Sebastiano präsentiert mir seine Theorien, und ich präsentiere ihm meine.

Zwei Stunden und ein paar Merlots später rufe ich Laura an: »*Tesoro,* es wird später. Und: Kannst du mich abholen?«

Das Gute am Frico ist: Selbst wenn er nicht sehr gelungen aussieht, schmeckt er immer noch köstlich.

Am Wegesrand: Vom Leben am Strand

La passeggiata, die ich schon mit Sebastiano genossen habe, ist eines der schönsten Rituale der Italiener. Umso besser, wenn das lustvolle Schlendern mit Meerblick passiert! Ich gebe mich also der *passeggiata* hin, um den Kopf frei zu bekommen. Um eine Pause einzulegen. Vielleicht auch, um mal zu flüchten.

Grado ist ohne Strand gar nicht denkbar. Die adeligen Familien zogen zur Sommerfrische aus Wien hierher, und so mancher schimpfte über das neumodische Treiben. Im Jahr 1910 kritisierte der Moraltheologe Erich Vogeler, das Reisen habe »etwas Übertriebenes und Krankhaftes«, es sei »allmählich bis in die mittleren Stände« herabgesickert, »zur Mode und zum Sport« geworden: »Ohne besonderes Interesse an der Eigenart von Land und Volk, an den Kunst -und Naturschätzen durchjagt man Tausende von Kilometern, lediglich in dem stolzen Bewusstsein, einmal da und dort gewesen zu sein, wo andere noch nicht gewesen sind.«

Grados goldene Ära war in den 1960er- und 1970er-Jahren. In dem kleinen Ort gab es ein renommiertes Filmfestival, Pier Paolo Pasolini, Sergio Leone und Maria Callas kamen, zudem die Familien Missoni, Etro und Gucci. Auch Gigi Riva, der Franz Beckenbauer Italiens, war Stammgast; er hatte sogar eine heiße Sommeraffäre mit einer Dorfschönheit, über die heute noch getuschelt wird.

Irgendwann wurden die Flüge billiger, exotischere Ziele lockten, Grado verlor ein bisschen den Sexappeal. Man flog lieber an die Strände Sardiniens und Santorins und Thailands. Erst Covid sorgte für einen neuen

Besucherboom (nah, erreichbar, sicher) – aber reden wir lieber vom Strand.

Es ist die vorletzte Augustwoche, ein schöner, warmer, aber nicht beleidigend heißer Tag, mein Fest rückt näher. Die Touristen aus dem Norden liegen auf den Liegen, doch es sind schon ein paar weniger als noch an Ferragosto, dem 15. August, an dem ganz Italien am Strand liegt. Erste Eissorten sind auf den ausgehängten Schildern durchgestrichen, und die Hauttöne der Urlauber rangieren von leichtem Latte Macchiato bis zu einem soliden Baileys-Tiramisu, das Eva im Santa Lucia zubereitet, einer Trattoria, die ihr bald kennenlernt.

***

Ob Jesolo, Lignano oder Grado: Der Strand ist immer der Ort, an dem wir lieber wären. 70 Prozent der Reisenden weltweit verbringen ihren Urlaub am Wasser – an Flüssen und Seen, aber vor allem am Meer. Die Präposition ist hier wichtig: Wir fahren *in* die Berge, aber *ans* Meer. Denn tatsächlich verbringen wir nahezu unsere gesamte Urlaubszeit *an* der See und sind nie für längere Zeit *im* Wasser. Stattdessen rammen wir unsere Sonnenschirme in den Sand und stellen dort unsere Liegen auf. Wir sind distanzierte Beobachter. Wir sind Strandmenschen. Und wie könnte es für uns Landbewohner auch anders sein? Das Meer ist nicht das eigentliche Ziel. Unser Ziel ist der Strand.

Das Leben am Strand bietet für alle Sinne etwas, nicht nur unseren Augen, sondern auch unserer Nase, unseren Ohren: Menschen beschweren sich über krähende Hähne, bellende Hunde, dröhnende Kirchenglocken. Aber über das Meeresrauschen, das bis zu einem betäubenden Tosen anschwellen kann, hat sich noch nie jemand aufgeregt. Es ist ein Lärm, den wir genießen, ja herbeisehnen. Das Gefühl des heißen Sandes, in dem wir unsere Hände abstützen – oder der feuchten Kiesel unter den Füßen, auf denen wir vorsichtig ins Wasser balancieren. Und erst der Duft eines Strandtages! Sonnencreme. Nasser Fels. Nasses Holz. Nasse Badehose. Heißer Sonnenschirmstoff. Das Plastik der aufblasbaren Gummiboote. Algen. Feuchte Handtücher. Zigarettenrauch. Wassereis. Die aufweichende Druckerschwärze der in der Sonne liegenden Zeitung. Nasser Sand. Parfüm. Schlick. Schnellbräuner zum Aufsprühen. Piniennadeln.

Die Berge sind bezwingbar, das Meer ist es nicht. Die Ozeane sind ein unerforschtes Mysterium. »Wüssten wir so viel über die Erdoberfläche wie über die Meerestiefen, hätten wir noch nicht einmal die Elefanten entdeckt«, sagt der Naturforscher John Frederick Grassle. Der Mount Everest, der höchste Berg der Erde, ist bislang von etwa fünftausend Menschen bestiegen worden, manche Sherpas waren mehr als zwanzig Mal auf dem Gipfel. Der Marianengraben, der tiefste Punkt des Meeres und damit gewissermaßen der gespiegelte Mount Everest, wurde bislang von fünf Menschen in Taucherglocken aus 70 Zentimeter dickem Stahl aufgesucht.

***

Ich biege vom Haupteingang des Strandes rechts ab, schlendere hundert Meter über den Asphalt, der von den Wurzeln der Schirmpinien so heftig aufgeworfen ist, dass den Radfahrern die Zähne aufeinanderschlagen, und tauche ein in die geradezu erfrischende Düsternis der Enoteca da Pino*. Laura ist auch schon da, und wir trinken einen nachmittäglichen Espresso. Über das Fest reden wir nicht, wir vermeiden das Thema. Es hat in den letzten Tagen etwas zu viel Raum eingenommen. Jetzt ist jetzt. Und der Kaffee ist köstlich.

---

* Leserinnen und Leser schreiben mir immer wieder, ob man dort denn überhaupt noch hingehen könne oder ob es jetzt ein touristischer Treff »wie das Hawelka in Wien« sei (ich zitiere eine Leserin wörtlich, weil ich noch nie im Hawelka war). Denn das Buch »Meine Bar in Italien«, erschienen im März 2023, ist auch beim Schreiben dieser Zeilen ein halbes Jahr später immer noch ein Top-5-Bestseller in Österreich und hält auch diverse Spitzenplätze in den deutschsprachigen Amazon-Kategorien. Ich kann euch beruhigen: Es hat sich bei Pino nichts verändert. Klar, immer mal wieder kommen Neugierige vorbei, die nur schauen wollen. Aber die sind in der Minderheit. Viele Interessierte sind neue Gäste geworden. Und Pino ist darüber nur glücklich. Denn am Ende ist er eben auch Unternehmer und freut sich über zusätzliche Gäste, die Einnahmen bringen. Pino freut sich auch aus einem anderen Grund über den zusätzlichen Trubel: Seine Knie machen nämlich nicht mehr mit. Er, der jahrzehntelang um die Welt gereist ist, kann kaum noch die Kneipe verlassen. Umso mehr freut er sich, dass die Welt nun zu ihm kommt. Und mich findet ihr nach wie vor rechts vorn am Fenster.

Grado: Christian und der Baccalà

Meine Frau kann ich nicht weiter nerven. Es ist ja mein Fest, nicht ihres. Meine merkwürdige Mission, nicht ihre. Aber ich muss weitermachen, also treffe ich mich mit Christian in seinem Strandkiosk Al Faro.

Christian hat mir das Herz gebrochen. Die Nachricht, dass er Schluss macht, kam wie ein Faustschlag aus dem Nichts. Er hat sich nicht getraut, es mir direkt zu sagen, sondern tat es, wie es Prominente eben tun, über die sozialen Medien.

Mein Herz brach nicht, weil ich in ihn verliebt gewesen wäre, sondern weil er und seine Frau Laura – ein geradezu schicksalhafter Name für mein Italien – das zauberhafte Laura e Christian (früher: Spaghetti House) zusperrten. Beide waren platt von der Arbeit, weil sie ja auch noch ein Bed & Breakfast und den Strandkiosk betreiben.

Aber vor allem Christian leidet bitterlich unter der Schließung. Mit den Nachfolgern hat er einen Konkurrenzausschluss vereinbart, so wie er auch bei Spitzenmanagern üblich ist: Drei Jahre lang darf er kein Restaurant in Grado aufmachen. Er ist derzeit nicht gut drauf, denn das Kochen, das ist sein Leben.

Er hat zudem allen Grund, sauer auf mich zu sein, trotzdem hilft er mir. Ich habe ihm nämlich vor ein paar Jahren die Karte verdorben. Es war ein kühler Wintertag, und die Bora fegte derart durch die Gassen, dass selbst die Möwen zu Fuß gingen. Christian servierte mir eine Carbonara, die einfach fantastisch war, und ich machte den Fehler, davon in meinem Blog zu berichten. Im Frühjahr wurde die Carbonara immer stärker nachgefragt, und Christian musste sie schließlich resignierend auf die Karte setzen (wenn auch »nur ab 2 Personen«). Was ist das Problem? Carbonara versaut dir die ganze Küche. Das frische Ei bedeutet, dass du sie in der Hölle der Abendbestellungen in der viel zu engen Küche der Altstadtrestaurants auch ganz frisch machen musst, du kannst sie nicht vorbereiten oder warm stellen. Der intensive Geruch des Guanciale, des Pecorino und das Ei selbst vertragen sich nur sehr bedingt mit der Inselküche und ihren delikaten Fischgerichten. Und es ist ein ganz schlimmes Generve, eiverklebte Schüsseln und Teller sauber zu bekommen.

In einigen Pizzerien von Grado stehen Spaghetti Carbonara tatsächlich auf der Karte wie einst bei Christian, aber es ist nie die echte mit Guanciale, Pecorino und frischem Ei, sondern die schnell gemachte Behelfscarbonara mit Sahne, Parmesan und Speckwürfeln, die kein Römer anrühren würde, denn von dort stammt das Gericht.[31] Moderieren wir Christians legendäre Carbonara auch noch schnell weg: Sein Trick war das *uovo fritto,* das selbst in der Spitzengastronomie als hohe Kunst gilt: Das frische, intakte Eigelb wird kurz in feine Brotkrumen getunkt und in der heißen Pfanne geschwenkt, sodass es außen leicht angeröstet wird, innen aber weich bleibt.

Wird die Carbonara auch im für nach der Sperrfrist geplanten Strandrestaurant auf der Karte stehen? Christian lehnt sich in seinem Stuhl zurück und verzieht schmerzhaft das Gesicht. Auf Nachfrage hebt er die Hände. Meine Interpretation dieser Nicht-Antworten: Aus der Nummer kommt er nie mehr raus.

Jetzt aber zum Baccalà, einer Speise, die würdig ist, alle großartigen Gerichte zu übertrumpfen, wie ein Poet

---

31 Eine interessante Eigenart dieses römischen Gerichts: In den Trattorien von Trastevere wird fast immer »pasta corta« genommen.

vor dreihundert Jahren schrieb. Man könne, so derselbe Poet, Stockfisch auf dreißig verschiedene Arten zubereiten, und eine jede sei die delikateste. Und wie immer in Italien ist das Essen – auch! – eine todernste Angelegenheit: In Vicenza, nicht weit von Padua, gibt es die Venerabile Confraternita del Bacalà alla Vicentina, eine Baccalà-Bruderschaft, die Reisen auf die Lofoten organisiert (wo ein Gedenkstein für Pietro Querini errichtet wurde, den wir auf Seite 56 kennengelernt haben) und ein Baccalà-Festival veranstaltet. Die Logenbrüder tragen orangefarbene Umhänge und goldene Broschen, Neumitglieder werden mit einem Stockfisch gesegnet. Wenn ihr in einem der Lokale rund um Vicenza den Baccalà nicht aufesst, kommt der Wirt mit der doppelläufigen Schrotflinte aus der Küche. Und wer sich abfällig über den Baccalà äußert, stirbt einen geheimnisvollen Unfalltod.

Christian ist Autodidakt, aber er kommt aus einer alten Gradeser Fischerfamilie. Seine Oma Nina lebte in einer der Fischerhütten in der Lagune. Mit dem Fang vom Morgen ruderte sie nach Grado, dort bestieg sie ihr Lastenrad (mit zwei Rädern vorn und gewaltigem Korb) und fuhr damit nach Aquileia und Ruda, um den Fisch zu verkaufen oder ihn gegen alles Mögliche einzutauschen, was eben so gebraucht wurde.

»Vedo qualkkkossa«, sagte Nonna Nina, wann immer der kleine Christian in der Küche half (und sich dabei sehr geschickt anstellte). Eine formelle Ausbildung hat er nie durchlaufen, er hat von seiner Großmutter und Mutter gelernt. Seine Kochkünste seien *limitato*, behauptet er; die dreisteste Untertreibung, die mir auf dieser Reise und vielleicht in zwanzig Jahren in Italien untergekommen ist.

Der Kabeljau wird ohne Eingeweide und auch ohne Kopf getrocknet – der Anblick des getrockneten Kopfes, behauptete mein Schwiegervater einmal, sei zu schrecklich.

Also nehmen wir uns den Stockfisch vor, der daheim auf Weiterverarbeitung wartet. Der Kabeljau wird ohne Eingeweide und auch ohne Kopf getrocknet – der Anblick des getrockneten Kopfes, behauptete mein Schwiegervater einmal, sei zu schrecklich, und ich muss an die unbekannten Wasserleichen aus Aktenzeichen XY denken, die uns als Kinder nicht haben schlafen lassen.

Jedenfalls: Die meisten Rezepte sprechen davon, den Fisch zu häuten und ins Wasserbad zu legen. Christian sagt: nicht häuten, sondern erst nach dem Zerkleinern wässern. Mindestens zwei Tage in normales Wasser legen, bitte kein Salz hinzufügen (!), das Wasser am Morgen des zweiten Tages wechseln. Dann die Stücke kochen, etwa dreißig Minuten, mit zwei Knoblauchzehen, etwas Pfeffer, einem Spritzer Zitrone und – ganz wichtig – Lorbeerblättern. Abkühlen lassen und dann die Haut abziehen (vom gekochten Fisch geht das leichter), den Fisch in eine Schüssel geben, und dann geht der Mix-Spaß los. Entweder mit einem Pürierstab oder von Hand mit nicht zu kräftigem Olivenöl (Eigengeschmack!), Pfeffer, Salz und einem Schuss Milch zu einer Creme verrühren. Profitrick: Etwas Kochwasser aufbewahren, denn wenn unser Baccalà zu dickflüssig wird, können wir mit dem perfekt abgeschmeckten Kochwasser nachlegen. Dazu nimmt Christian einfach eine Kaffeetasse und schöpft das Wasser kurz vor Ende der Garzeit ab – ein Trick, der auch für Nudel-Kochwasser und jeden Pasta-Sugo gilt.

Klingt alles ganz einfach, aber Christian gibt zu: »Kein Baccalà schmeckt wie der andere, selbst mein eigener schmeckt jeden Tag etwas anders. Mal milder, mal würziger, mal pfeffriger.«

Die italienische Küche, lernen wir erneut, ist Gefühlsküche. Christian sagt mir für mein Geburtstagskochen in jedem Fall Unterstützung zu und verspricht, das Telefon für Nachfragen offen zu halten. Als ich ihm berichte, dass mein Schwiegervater und meine Schwiegermutter anwesend sein werden, die er beide gut kennt, bekreuzigt er sich. Nur zum Spaß natürlich. Ich bin dennoch leicht beunruhigt.

Am Wegesrand: Woher die Vongole kommen

Was Grado – neben der Insellage – von den meisten übrigen Urlaubsorten an der Adria unterscheidet, ist die Fischereiflotte. Etwa vierzig Familien leben noch vom Fischfang und haben ihr eigenes Boot. Gefischt wird sowohl in der Lagune wie auch auf dem offenen Meer. Urlauber, die im Sommer am Hafen entlangspazieren, finden das Ganze oft romantisch, aber fahrt mal im November bei drei Grad in der Nacht raus. Jede Nacht. Ja, tatsächlich: Die Boote legen am späten Abend ab und kommen gegen 8 Uhr in der Früh zurück, denn nahezu alle Fische sind nachtaktiv und nicht so scheu und schnell verschreckt wie bei Tageslicht. Hobbyangler wie Profifischer wissen: Nachts lassen sich die Tiere einfach besser überlisten.

Was holen die Fischer hervor? Goldbrassen, Seebarsche, Meeräschen, Seezungen und sonstige Plattfische. Aber auch Venusmuscheln – da sind sie, unsere Vongole! –, Miesmuscheln, Jakobsmuscheln und Messermuscheln. Viele der gefischten Muscheln werden direkt nach Spanien geschickt, wo sie in die Paella kommen, denn spanische Küsten sind relativ muschelarm. Dafür kommen die Lieferwagen aus Spanien mit allerlei Garnelen zurück, die es wiederum an der Adria selten gibt.

Wochentags um 8 Uhr und um 15 Uhr wird in der Auktionshalle in der Riva Dandolo direkt am Hafen der Fang versteigert. Es ist eine hochinteressante Versammlung wettergegerbter Gesichter. Die Auktion läuft nach dem Stoppuhr-Prinzip: Pro Kasten Fisch wird ein Preis ausgerufen, der sich langsam reduziert. Die interessierten Käufer müssen einfach rechtzeitig auf den Knopf drücken. Es ist ein Pokerspiel: Wer die besseren Nerven hat, gewinnt.

Nicht nur im Meer vor Grado wird munter gefischt, sondern auch in der äußerst fischreichen Lagune. Die Seefischer oder *pescaùri de mar* segelten einst weit hinaus, bis in den Golf von Triest und nach Istrien oder an die Mündung der Etsch. »Ein gewisses Gemeinschaftsleben in ihrem harten Beruf und die häufigeren Beziehungen zu fremden Gestaden und Menschen machten sie aufgeschlossener als die Fischer der Lagune«, schrieb der Inselpoet Biagio Marin. »Die Fischer der Lagune lebten dagegen in ihren ärmlichen Strohhütten ohne fließend Wasser oder gar Elektrizität in der größtmöglichen Einsamkeit, betrieben in eigenen Revieren die Fischzucht und allerlei Fischfang. Am Wochenende ruderten sie nach Grado, um ihre Einkäufe zu besorgen und Trinkwasser für die Woche zu holen. Dann ging es rudernd zurück.«

***

In die Lagune kommen wir nur mit dem Boot. Auch wenn Radtouristen immer mal wieder im Tourismusverband fragen, ob es denn nicht doch irgendeinen geheimen Weg über trockenes Terrain gäbe.

So sähe Venedig aus, wäre es nie besiedelt worden. Statt prächtiger Palazzi stehen hier nur die *casoni*, die inzwischen von den Gradesern und ihren Gästen als Wochenend-Refugium genutzt werden, am liebsten fürs gemeinsame Grillen mit Freunden, mit Goldbrassen und Tintenfischen und Sardinen und den unfassbar hässlichen, aber auch so köstlichen, beinahe süßlich schmeckenden Canocce (den Heuschreckenkrebsen, die uns schon in Lignano bei Bidin begegnet sind). Bloß: Man muss sich richtig um sie kümmern. Nicht um die Heuschreckenkrebse, sondern um die Inselchen. Hier wächst und wuchert es, dass es eine Wonne ist, auf dem salzhaltigen Boden schießen robuste Pflanzen wie das Santonego (*Artemisia caerulescens*) empor, aus dem die Insulaner und auch meine Frau Laura einen köstlichen Grappa herzustellen wissen. Wer seine Scholle ein paar Wochen lang nicht besucht, erlebt eine Überraschung: Die Natur holt sich mit Macht alles zurück, was der Mensch mühsam gemäht, gestutzt und angelegt hat. Beinahe täglich muss jemand zur Pflege vorbeischauen, und nicht wenige rüstige Gradeser Pensionäre bieten ihre Arbeitskraft genau dafür an. Auch das Wasser selbst, mit einem geringeren Salzgehalt als das Meer, ist voller Leben: Hier trifft sich allerlei Getier zum Fressen und Gefressenwerden, vorzugsweise zum Gezeitenwechsel, der für uns Menschen kaum wahrnehmbar ist.

***

Die Lagunenfischerei erfordert bis heute ein paar ganz besondere Techniken. Es wird einerseits ganz simpel mit Haken geangelt, aber es haben sich über die Jahrhunderte auch ein paar spezielle Netzformen entwickelt, darunter das bekannte *cogòlo* oder *cogòl*, eine Art Trichter, der mehrere Meter lang ist, von Metallringen in Form gehalten wird und, klar, nur eine Öffnung hat. Meist wird er morgens am Boden fixiert, abends wird dann geerntet. Es kommt vor allem auf die Ausrichtung an, denn Fische und Tintenfische bewegen sich je nach Saison ganz unterschiedlich. Früher praktizierten viele Fischer auch das *pesca del gò*: Sie wateten barfuß durch die Lagune und spürten mit ihren Sohlen die Vertiefungen und Höhlen auf, die manche Fische zur Eiablage oder zum Verstecken graben, darunter Grundeln und Seezungen. Und dann griffen sie einfach zu.

Einige Grundeln – es gibt mehr als 1100 Arten – sind übrigens Geschlechtswandler: Sie bilden Lebensgemeinschaften mit Korallen, Schwämmen und Riesenmuscheln, und dort lebt ein Männchen mit mindestens zwei Weibchen. Wird das Männchen gefressen, verwandelt sich ein Weibchen in ein Männchen. Ich finde das bemerkenswert. Losen sie, wer darf/muss?

Die Lagune von Grado:
Endlich – Die perfekten Spaghetti vongole

Es war eine Nachricht, die Grado erschütterte: Roby in einer Festanstellung! Das ist, als hätte Casanova kirchlich geheiratet. Denn Roby ist ein Freigeist. Hat sich jahrelang geweigert, einer geregelten Arbeit nachzugehen. Nicht, weil er faul ist, sondern weil er ungebunden bleiben will. Kreativ. Für Freunde kochen, Gerichte erfinden, morgens um sechs in der Lagune Traumfotos vom Sonnenaufgang machen.

Festanstellung also. Na, mal sehen, wie lange das gutgeht.

Heute sind wir jedenfalls gemeinsam auf einer der Laguneninseln, und ich darf ihm assistieren. Ja, er ist Überzeugungstäter und steht auch an seinem einzigen freien Wochentag gern am Herd. Auch an dem von anderen. Heute hat er Paccheri alla busara gekocht, obwohl er mir Spaghetti vongole versprochen hatte. »*Calma*«, sagt er. Frei übersetzt: Dazu kommen wir noch. Und wenn wir schon die Busara vor der Nase haben, folgt das Rezept zum Nachmachen daheim: In einer Pfanne Zwiebeln und Knoblauch klein hacken und gemeinsam in Olivenöl anschwitzen. Zwei Dosen geschälte Tomaten hinzugeben. Salzen und pfeffern. In einer zweiten Pfanne Öl, Salz und Pfeffer erhitzen. Die Scampi im Ganzen rein. Etwa fünf Minuten köcheln lassen, bis die Panzer rötlich werden, mit Weißwein ablöschen, Peperoncino hinzu, ein paar Spritzer Zitrone. Dann den Inhalt der zweiten in die erste Pfanne geben und sieben bis zehn Minuten köcheln lassen. Schließlich die sehr al dente gekochten Nudeln hinzugeben, samt einem Kochlöffel Nudelwasser. Großartig!

In den Internet-Rezepten findet sich noch der Hinweis auf ein Lorbeerblatt oder etwas Petersilie zum Abschluss. Kann man machen, aber Vorsicht: Das Problem mit vielen Internet-Rezepten ist diese völlige Überwürzung. Die italienische Küche ist ja gerade genial darin, die *materia prima* zum Star werden zu lassen und eben nicht 34 Zutaten miteinander zu vermengen. Beispiel Istrien, gegenüberliegende Küste: Da gibt es die tollsten Hummer und Garnelen. Der Hummer, den ich dort zuletzt aß, war in der Mitte aufgeschnitten und mit Olivenöl, Knoblauch, Rosmarin, Petersilie, Oregano, Autoreifen, Kuckucksuhren und Elektroschrott aufgefüllt, darüber lag eine fingerdicke Schicht Mayonnaise. Warum?

Die Hamburger Sterneköchin Cornelia Poletto sagte mir einmal, die einzige Schwäche der italienischen Küche seien die mangelnden Saucen, die Franzosen hätten da einfach die Nase vorn. Das kann man aus Sicht einer Spitzenköchin wohl so sehen, aber wozu brauche ich beispielsweise eine Sauce auf Butterbasis, wenn das Filet perfekt ist? Ich habe sowieso eine gewisse Skepsis gegenüber der französischen Küche, seit ich bei Paul Bocuse folgenden Satz gelesen habe: »Meiner Ansicht nach sollte man beim Verlassen des Tisches noch ein bisschen Hunger haben.«

***

Pier Paolo Pasolini, über den wir schon bei Enrico und Sibylle geredet haben, war der vermutlich berühmteste Grado-Liebhaber der letzten Jahrzehnte. Aber welche berühmten Söhne und Töchter hat der Inselort selbst hervorgebracht? Auf der Website *Notable People* (tjukanov.

org) könnt ihr die jeweils berühmteste Person aus eurem Heimatort googeln – weltweit. Hier in Grado ist es der vorhin schon kurz erwähnte, 1985 verstorbene Dichter Biagio Marin, dem tatsächlich überall im Ort gehuldigt wird. Nur: Poesie ist ja an sich schon schwer zugänglich und beinahe unübersetzbar. Und Marin schrieb fast seine gesamten Werke im Inseldialekt. Was selbst mir nach immerhin zwanzig Jahren noch arg zu schaffen macht.

Auch die Gegend rund um Grado hat Celebrities hervorgebracht: Drei italienische Fußballgiganten (Enzo Bearzot, Dino Zoff und Fabio Capello) wurden bei Aquileia geboren. Und Luigi Delneri, der ehemalige Juve-Trainer, betreibt jetzt das Bed & Breakfast Casa Delneri in seinem Geburtsort Aquileia.

Trotzdem: Der berühmteste Gradeser ist und bleibt Roby. Alle kennen ihn, und selbst jetzt, mit seinen geregelten Arbeitszeiten, läuft man ihm irgendwie ständig über den Weg, als wäre er, wie so mancher christliche Heilige, zur Bilokation fähig. Vermutlich aus diesem Grund tauchte er schon ein paar Mal in meinem Blog und in meinen Italien-Büchern auf.

Interessanterweise sind Spaghetti vongole ein erklärtes Lieblingsessen vieler Spitzenköche. Und mein Lieblingsrezept ist es auch, vor allem seit ich weiß, wie man es hinbekommt. Roby gibt mir dankenswerterweise einen Auffrischungskurs. Zuerst einmal gilt es, alle Paranoia über Backbord zu kippen, denn die Venusmuscheln sollten *nicht* lange und ausdauernd unter kaltem Wasser abgespült oder gar stundenlang in einer mit Wasser gefüllten Schale gelagert werden. Meeresgeschmack ist ausdrücklich erwünscht, und die Vongole, die uns Fischer Andrea heute morgen in einer unromantischen

Plastiktüte vorbeigebracht hat, werden von Roby einfach in ein Nudelsieb geworfen und kurz mit kaltem Wasser abgespült.

Noch eine Eigenheit: Roby benutzt Sonnenblumenöl, kein Olivenöl, weil ihm das einen zu starken Eigengeschmack für die zarten Venusmuscheln hat. Er hackt Knoblauchzehen klein und brutzelt sie im Öl an. Wenn der Knoblauch einen goldenen Schimmer bekommt (ich Romantiker, ich!), gibt er die Muscheln, Pfeffer und einen Schuss Weißwein hinzu. Bei geschlossenem Deckel kochen. Meine Eigenheit: Ich hebe den Deckel öfter an, als es eigentlich gestattet ist, denn es ist eine wirklich sehr sinnliche Sache, den Venusmuscheln zuzusehen, wie sie sich uns öffnen.

Robys kleiner Trick: In einem Schälchen mixt er Öl mit einem Teelöffel Mehl, um die Sauce dickflüssiger zu machen. Salz gehört an die Spaghetti, die auf der Flamme nebenan kochen, nicht aber zu den Vongole. Gern auch noch eine Kelle Nudelwasser in die Muschelpfanne geben, einen Trick, den wir schon von Christian gelernt haben. Mit frisch gehackter Petersilie servieren und genießen.

Roby hatte mir schon vor einigen Jahren als Variante geraten, Bottarga-Rogen von Thunfisch, Schwertfisch oder der Meeräsche – über die Vongole zu hobeln. Das mache das Gericht schwerer, fischiger, reichhaltiger. Ich verzichte gern drauf, aber diese Kombination ist in Grado gerade sehr modern geworden und wird in einigen Restaurants nun genau so serviert. Es ist nämlich so: Wenn Roby etwas Neues kreiert, setzt es sich schnell auf der ganzen Insel durch. Ich kann es nicht anders sagen: Ich bin verdammt stolz drauf, dass ich ihn kenne – und davon überzeugt, dass meine Vongole der Renner werden.

Im Supermarkt

Beim Einkaufen geben meine Frau und ich eine ziemlich seltsame, wenig kohärente Figur ab und widerlegen jedes nationale Klischee. Denn Laura schiebt ihren Einkaufswagen methodisch und langsam – aufreizend langsam, wie ich finde – durch die Gänge, den Einkaufszettel immer griffbereit. Ich hingegen laufe den Supermarkt nicht nach Warengruppe oder gar nach einem Einkaufszettel ab, sondern nach Rezepten. Für mein Frühstück geht es also zuerst in die Obstabteilung zu den Heidelbeeren, dann zu den Milchprodukten für den fettarmen Joghurt, dann zu Nudeln und Reis, wo sich in Italien im untersten Regal die Haferflocken verstecken. Für mein Ragù geht es erst zu den passierten Tomaten, dann an die Pasta-Regale, dann an die Fleischtheke am Kopfende des Supermarkts, und dann, weil ich die Karotten vergessen habe, zurück zur Obst- und Gemüseabteilung. Wenn ich allein unterwegs bin, lasse ich den Einkaufswagen meistens irgendwo stehen, und wenn meine Hände voll sind, gehe ich dorthin zurück und dann erneut auf die Jagd. Wenn Laura unterwegs ist, muss ich ungefähr abschätzen, wo sie in ihrem Wanderdünentempo mit dem Einkaufswagen angelangt ist, was mir inzwischen recht ordentlich gelingt.

Meine Methode mag ziemlich beschränkt wirken, aber hier ist mein Punkt: Ich bereite schon im Supermarkt jedes Gericht im Geiste zu. Manchmal kaufe ich sogar exakt nach Arbeitsschritten ein: erst das Olivenöl, dann die Zwiebeln zum Anbraten, dann den Weißwein zum Ablöschen, dann die passierten Tomaten ... Es passiert mir daher wirklich selten, dass ich etwas Entscheidendes vergesse. Und auch dieses Mal bin ich optimistisch, dass ich an alles, was man für das Fest im Vorfeld einkaufen kann, auch gedacht habe. Und als wir uns der Schlange an der Kasse nähern – es ist August, Hochsaison und entsprechend trubelig –, macht Kassiererin Laura (die dritte wichtige Laura meines Lebens) extra für uns eine weitere Kasse auf. Ich spüre einen Anflug von Stoßverliebtheit und sehe es als gutes Omen.

Am Wegesrand: Die Lieblingsnudeln berühmter Italienerinnen und Italiener

Sophia Loren: Pasta al pomodoro – »und zwar so gegessen, dass man die Nudeln richtig schlürfen muss!«

Sergio Leone: Tagliatelle al formaggio.

Pier Paolo Pasolini: Gnocchi mit Sardellen.

Giorgio Armani: Tortelli alla piacentina (mit Spinat, Parmesan und Ricotta).

Andrea Bocelli: Spaghetti mit Walnüssen, Kapern, Oliven und Knoblauch.

Gabriele D'Annunzio: Cannelloni mit Kalbfleischfüllung.

Italo Svevo: Lasagne.

Susanna Tamaro: Pasta mit gerösteten Brotkrumen.

Patrizia Gucci: Spaghetti mit Seeigeln.

Silvio Berlusconi: Pennette al pesto.

Sergio Mattarella: Spaghetti mit Tomaten, Gemüse und Fisch.

Al Capone: Spaghetti mit Walnüssen, Tomaten und Knoblauch.

Giacomo Puccini: Pasta mit Aal. Der Komponist galt als begabter Koch, der viele Rezepte selbst erfand. Leider schrieb sie niemand nieder.

Luciano Pavarotti: Penne rigate mit Honigmelone und Minze. Pavarotti war ebenfalls ein ausgezeichneter Koch, der auf Tourneen zwanzig Koffer voller italienischer Spezialitäten und Küchenutensilien mit sich führte.

Valentino Rossi: Tortiglioni mit Thunfisch und Erbsen.

Bud Spencer: Spaghetti napoletana – eine angereicherte Variante der Tomatensauce mit Zwiebeln, Knoblauch, Basilikum und Parmesankäse.

Terence Hill: Spaghetti mit Tomatensauce oder auch (»bitte nicht lachen!«) mit Ketchup.

Monica Bellucci: Spaghetti napoletana.

Mario Draghi: Pasta mit Seeigeln.

Michelle Hunziker: Spaghetti mit Emmentaler.

Domenico Dolce (von Dolce & Gabbana): Timballo alla siciliana – ringförmige Pasta mit Auberginen, Caciocavallokäse, Tomaten, Zwiebeln, Kapern und Fenchel sowie Thunfischbällchen.

Gianni Agnelli: Spaghetti mit telline
(kleinere delikate Verwandte der Venusmuscheln).

Giorgia Meloni: Pasta al ragù.

Massimo Bottura: Pasta al ragù – aber wie es sich für den besten Koch der Welt gehört, mit einigen Besonderheiten. Darunter: ohne Tomaten (»die kamen ja erst vor fünfzig Jahren ins Rezept«) und mit unterschiedlichen Fleischsorten (Taube, Ente, Kapaun), nicht durch den Fleischwolf gedreht, sondern mit dem Messer zerkleinert.
Ganz wenige Gewürze, kein Knoblauch, ein Lorbeerblatt, etwas Rosmarin.

Benito Mussolini: keine Nudeln, pfui Teufel! (Näheres auf Seite 66)

Joe Biden: Der US-Präsident ist zwar kein Italiener, doch bei seinem Amtsantritt zogen wieder mediterranere Düfte durch die 132 Zimmer der Pennsylvania Avenue Nummer 1600, nachdem es unter Donald Trump vor allem Steaks und Hamburger gegeben hatte.*

---

* Joe Bidens Lieblingsgericht ist Pasta. Das liegt an seiner Frau Jill, deren Familie aus einem kleinen sizilianischen Bergdorf in der Provinz von Messina stammt – ihr Mädchenname ist Giacoppo, amerikanisiert zu Jacobs. Biden liebt seine Pasta ganz schlicht: Er mag am liebsten Cappellini mit frischen Tomaten. Cappellini sind ganz dünne, oft in Nestern gerollte Pasta, die im Englischen gern »angel hair«, Engelshaar, genannt werden.

Grado: Attias und sein Boreto

Attias Tarlao vereint gleich zwei Superlative in sich: Er trägt nicht nur den ungewöhnlichsten Namen der Insel (Atlas, wie der mit dem Globus), sondern gilt auch als bester Koch Grados. Er arbeitet im Androna, dem ersten Haus im Ort, sein Bruder Allan ist Chef im Saal.

Kurz zur Nomenklatur: Attias' Großvater war Seemann und hatte eine besondere Schwäche für Ägypten und Ozeanien. Seinen Sohn nannte er Osiris, und aus Osiris wurde eine Legende der Inselgastronomie. Wenn er seinen Schnapstrick vorführte, stockten die Touristenströme in den Gassen: Er baute eine Pyramide aus Schnapsgläsern und füllte, auch noch mit über achtzig, aus einer fünf Meter langen gebogenen Kanüle den Grappa zielsicher ein. Osiris jedenfalls hatte beschlossen, die Familientradition der ungewöhnlichen Namen – seine Geschwister hießen Sydney und Diala – beizubehalten, und nannte seine Söhne Allan und eben Attias.[32]

Woher Attias das Boreto-Rezept hat, bleibt unklar, er weiß es selbst nicht mehr. Wahrscheinlich werden Gradeser Kinder mit diesem Rezept geboren, es hat über dutzende Generationen auf geheimnisvollen Wegen Einzug in ihre DNA gehalten, denn Boreto ist die Inselspezialität schlechthin. Es ist eines dieser auch kulturell wertvollen Gerichte, die zugleich die Geschichte des Orts erzählen, in dem es gegessen wird: Die Fischer brachten (und bringen) allerlei unverkäuflichen Beifang mit, dazu vom Netz zerrissene Fische. Aus dieser Ware, die auf dem Markt unverkäuflich war, machten sie oft noch auf dem Boot oder später in ihren Hütten den Boreto, dazu gab (und gibt) es

---

32 Erst mit Allans Sohn kam die Tradition zu einem vorläufigen Ende: Er heißt Tommaso.

Wahrscheinlich werden Gradeser Kinder mit diesem Rezept geboren, es hat über dutzende Generationen auf geheimnisvollen Wegen Einzug in ihre DNA gehalten, denn Boreto ist die Inselspezialität schlechthin.

Polenta. Wichtig: Die Polenta darf nicht mit dem Messer geschnitten, sondern muss mit einem Faden portioniert werden, um den Fischern und ihren Gerätschaften an Bord zu huldigen. Wobei ich mir sicher bin, dass auch auf früheren Fischerbooten immer irgendwo ein Messer aufzutreiben gewesen wäre, aber mit Italienern soll man tunlichst nicht über kulinarische Traditionen streiten. Apropos Tradition: weiße Polenta, keine gelbe. Beide stammen vom Mais, Erstere bloß von einer geschälten helleren Sorte.

Das Rezept ist schnell erklärt und sorgt im ersten Schritt immer wieder für Verwunderung: In eine Pfanne kommt Olivenöl, in dem bei munterer Flamme drei geschälte Knoblauchzehen erhitzt werden, bis sie ganz schwarz sind, geradezu verkohlt. Ja, richtig gelesen. Während ich Attias zusehe, blickt er unter seiner Brille hervor. Ich schaue immer nervöser auf den sich verfärbenden Knoblauch. »Ich weiß, was du jetzt denkst. *Cancerogenico,* nicht wahr?« Er schnauft aus und schüttelt den Kopf. *Questi tedeschi,* denkt er – ich könnte wetten. »Mach dir keine Sorgen, unsere Fischer sind alle weit über neunzig geworden.« Keine weiteren Einwände, Chef. Der, äh, verbrannte Knoblauch wird entfernt, die Fischstücke kommen rein. Welcher? Sehr gut eignen sich möglichst grätenarme wie Rombo oder Asià, also Steinbutt oder Dornhai, aber das Rezept funktioniert mit allen Fischen – und auch mit Tintenfisch. Finger weg von Garnelen, Scampi und Artverwandtem (zu delikat). Und um Gottes willen keine Tomaten! Ganz, ganz verboten. Denn die Gradeser sind stolz darauf, dass ihr Rezept älter ist als die Entdeckung Amerikas.

Die Fischstücke immer wieder wenden, damit sie gleichmäßig anbraten. Dann den Weißweinessig rein (wenn ihr Fisch für vier bis sechs Personen kocht, etwa ein Glas), etwas Wasser, grobes Salz und Pfeffer. Vor sich hin köcheln lassen, den Boreto nicht zu flüssig werden lassen. Sagt sich so leicht, ich weiß. Zum Schluss nochmals Pfeffer. Viel Pfeffer.

Moment mal, werden jetzt einige Schlauberger denken, wieso haben die armen Fischer schon vor Jahrhunderten das Luxusgewürz Pfeffer gehabt, und zwar in rauen Mengen? Berechtigter Einwand, aber schnell erklärt: Es gab einen regen Tauschhandel der Gradeser Fischer mit den feinen Herren vom Festland und mit Venedig selbst: Fisch gegen Gewürze. Davon profitierten beide Seiten.

Und noch eine Besonderheit: Traditionell wird zu diesem Fischgericht Rotwein getrunken, entweder der seit einigen Jahrhunderten in der Region verbreitete Merlot oder die autochthone Traube Refosco, die schon von den Römern angebaut wurde.

Attias wäre nicht Attias, wenn er nicht eine eigene Variation entwickelt hätte, die derzeit auf der Speisekarte steht: Statt als Zugabe zur Polenta benutzt er den Boreto wie einen Sugo und serviert ihn seit 2023 mit Spaghettoni, also mit besonders dicken, bissfesten Nudeln. Eine absolute Köstlichkeit! Aber der Buchtitel »Die Spaghettoni-Boreto-Tagebücher« war dem Verlag dann doch zu weit hergeholt.

»Schon die Römer kochten mit Weißweinessig, denn Weißwein wird eben schneller zu Essig«, erklärt mir Allan, der nun dazukommt, »während die Tannine im Rotwein für mehr Haltbarkeit sorgen. Und die Gradeser holten sich lieber den Wein in Istrien statt in Aquileia.« Grado und Aquileia mögen einander nicht: Es ist die alte Geschichte mit den wechselnden Bischofssitzen und der generellen Konkurrenz von Insel und Festland, und Fußballspiele zwischen Grado und Aquileia sind echte Derbys.

***

Am Abend sitzen Laura und ich im Delfino Blu, unserer Go-to-Pizzeria. Da es hier vorwiegend Pizzen gibt und ich aus gewissen Gründen keinen Pizzaofen habe (jedenfalls noch nicht), kommen das Restaurant und seine Protagonisten in diesem Buch nicht vor, weil sie für mein Vorhaben nicht relevant sind – eigentlich. Aber dann passieren an diesem Abend ein paar erstaunliche Dinge, die es doch wert sind, erzählt zu werden. Denn seit Neuestem beschäftigt die Pizzeria, die auch eine kleine Karte mit Vorspeisen und Pasta hat, einen Koch aus Grado in der kleinen Küche hinter dem gewaltigen Pizzaofen. Und Chefin Rosalba berichtet uns aufgeregt, dass der Koch gerade Boreto gemacht habe. Ob wir mal kosten wollen? – Ein Zufall, der so erfunden klingt, dass ich darüber eigentlich gar nicht schreiben wollte, aber ich habe Zeugen, die im Zweifel Eide schwören. Ein Experiment natürlich, denn, so gibt Rosalba selbst zu, wer bestellt schon in einer Pizzeria Boreto? Laura. Während ich eine einfache Pasta nehme.

Als wir auf die Speisen warten, erzähle ich meiner Frau von dem Interview mit Attias und der Sache mit dem Wein aus Istrien.

»Denk doch mal drüber nach, was für Dickköpfe die alten Gradeser waren«, analysiert sie messerscharf, denn sie kennt Menschen besser als ich. »Sie riskierten lieber ihr Leben und segelten quer über den Golf von Triest, statt den Wein aus Aquileia zu nehmen.«

Dann kommen die Bestellungen. Wir beide probieren vom Boreto, während Rosalba danebensteht. Und Rosalba *fragt nur Laura*, ob der Boreto gelungen ist oder nicht. Laura nickt, nicht zu scharf, gut ausbalanciert. »Ja, finde ich auch«, rufe ich noch, aber Rosalba steht schon längst am Nebentisch und hört mich gar nicht mehr. Ein kleines Detail, das mir wieder einmal zeigt: Ich zähle hier einfach nicht.

Aber der Abend ist noch nicht zu Ende: In der Nähe sitzt ein älteres osteuropäisches Paar mit seiner etwa 25-jährigen Tochter. Ich kann nicht genau heraushören, welche Sprache sie sprechen, eventuell ist es Polnisch. Das Paar sitzt mit dem Rücken zu mir, die Tochter sitzt mir gegenüber. Und sie starrt mich die ganze Zeit an, dann lächelt sie. Ich werde ein bisschen nervös, zumal ich gerade meine Pasta esse. Die junge Frau ist sehr hübsch, und kurz bilde ich mir ein, dass sie vielleicht mit mir flirtet. Ganz bewusst drehe ich mich von ihr weg, spreche mit Laura, die davon nichts mitbekommt, weil sie mit dem Rücken zu meiner jungen osteuropäischen Verehrerin (ja, träum weiter) sitzt. Ich gebe mir besondere Mühe, die Nudeln perfekt auf die Gabel zu rollen – immerhin *eine* Fähigkeit, die ich nach zwanzig Jahren in Italien perfektioniert habe.

Dann erheben sich die drei, der Vater geht zum Bezahlen nach vorn an die Kasse. Und die junge Osteuropäerin kommt lächelnd auf mich zu. Was passiert jetzt?

»I have to tell you«, sagt sie zu mir. *»How you eat your Spaghetti is very wonderful.«*

»Oh, thank you«, stammle ich, und dann geht sie und wirft mir noch ein Lächeln über die Schulter zu. Ha! Langsam sammle ich mich, richte mich gerade auf und grinse blöde in der Gegend herum, während Laura

abwechselnd mich und die junge Osteuropäerin mit zusammengekniffenen Augen mustert. Ich nehme jeden Triumph mit, den ich kriegen kann.

Eva, Antonio und aussterbende Arten

Noch ein letztes Mal muss Laura herhalten, um meinen Schwiegervater-Trick zu perfektionieren, der mir, je länger ich darüber nachdenke, auf vielerlei Weise nützlich sein könnte. Etwa, wenn in der Küche irgendwas schiefgeht oder wenn die Wartezeiten zu lang werden. Der Schwiegervater-Trick – ihr erinnert euch – hat nichts mit dem berüchtigten Enkeltrick zu tun, sondern beinhaltet das muntere Abspulen kulinarischer Anekdoten, um auch das banalste Essen anzureichern, gewissermaßen geistig zu würzen und so mögliche reale Schwächen elegant zu umschiffen. Also lade ich meine Frau zu Eva und Antonio ins Santa Lucia ein, ein für unsere Familie wichtiges Restaurant, in dem ich unter anderem meinen Junggesellenabschied gefeiert habe. Dann teste ich an ihr einige kulinarische Häppchen, denn ich habe meine Hausaufgaben gemacht und sogar Notizen dabei.

Jetzt, gegen Ende August, wird es spürbar früher dunkel, was meine Frau betrübt. Ich habe dazu eine Meinung, die ich in meiner Familie völlig exklusiv vertrete, und gelte dafür – vor allem in den Augen meiner Frau – als nicht ganz richtig im Kopf: Ich mag Dunkelheit. Ich bin daher gegen die künstlich herbeigeführte Sommerzeit, denn ich mag die frühe abendliche Dunkelheit gerade auch im Sommer. Warum hat Dunkelheit eigentlich einen so schlechten Ruf? Ein lauschiger Sommerabend im Dunkeln, mit den Laternen der Trattoria, die sich auf der Meeresoberfläche spiegeln, ist doch viel schöner als in der Sonne! Außerdem sehen wir alle im Dunkeln besser aus. Die Ölspritzer auf dem Hemd von den allzu schwungvoll aufgezwirbelten Spaghetti vongole bleiben den anderen verborgen. Oder die Flecken, die das vom kalten Weinglas heruntertropfende Kondenswasser im Schritt hinterlässt.

Jedenfalls: Erst am Tisch wird Italien zu Italien. Hier vereinen sich Soziologie, Kultur und Geschichte beim köstlichen Duft von Oregano und Zitrone, von Knoblauch und Fischsud und angebratenen Zwiebelwürfelchen.

Bei Eva und Antonio im Santa Lucia in Grados Altstadt bin ich kulinarisch sozialisiert worden – na, eigentlich noch bei Evas Vater Franco, dem einst dicke Tränen aus den unwirklich durch die Brille vergrößerten Augen kullerten, als er zuschauen musste, wie ich seinen Branzino in der Salzkruste filetierte, wie mein Teller danach aussah und was ich alles übrig ließ.

Noch heute wirkt mein Teller, wenn ich mit dem Fisch fertig bin, wie ein Kriegsschauplatz, während meine Frau und mein Schwiegervater ein perfekt geformtes, ästhetisch beinahe ansehnliches Skelett übrig lassen, das auch ein Piranhaschwarm nicht exakter hätte abkauen können.

Italiener machen sich gern darüber lustig, dass wir Deutschen und Österreicher ab 18, spätestens jedoch 19 Uhr, zu Abend essen wollen. Doch diese Eigenheit war den Gastronomen in all den Jahren in Grado nur recht, denn sie konnten jeden Tisch zwei Mal besetzen – erst aßen wir, dann die Italiener. In dezidiert italienisch dominierten Ferienorten wie etwa Forte dei Marmi, in dem Thomas Mann in den 1920er-Jahren als einer der ersten Deutschen urlaubte[33], kann jeder Tisch nur ein-

---

33 Am Tyrrhenischen Meer lernten die Manns die mediterrane Strandkultur in allen großartigen und eigenwilligen Formen kennen. Zunächst mussten sie das Hotel wechseln, weil sich eine italienische Adlige über das vermeintlich ansteckende Husten von Manns Kindern beschwerte, dann gab es Ärger am Strand, weil die Kinder nackt herumliefen – das

mal pro Abend reserviert werden, was die Wirte betrübt.

Im Hitzesommer 2022 kam es aufgrund der Temperaturen in Grado zu der »großen Essensverschiebung«, wie es künftige Generationen von Verhaltensforschern nennen werden: Auch die Gäste aus dem Norden wollten ihre Spaghetti vongole plötzlich erst um 21 Uhr haben, was zu einem unvorhergesehenen Ansturm auf die Tische und zu ziemlichem Chaos führte. Einige Restaurants führten fixe Zeitfenster ein, um die Ströme zu lenken, man konnte entweder um 19 oder um 21 Uhr reservieren. Doch es nützte wenig, vor vielen Restaurants bildeten sich jeden Abend verlässlich Trauben von wartenden Menschen. Wie man's macht, macht man's verkehrt.

Hier, bei Eva und Antonio, können wir über so vieles reden, wir könnten über die Pasta und Marco Polo sprechen (nein, er hat sie nicht nach Italien gebracht), wir könnten über die Bedeutung der Speiseaufteilung in *antipasti, primi und secondi* reden (bei allen unterschiedlichen Spezialitäten von Nord nach Süd ist dieser Rhythmus das Einzige, auf was sich ganz Italien geeinigt hat). Aber ich habe ein paar Dinge für unser gemeinsames Tischgespräch herausgesucht, die euch vielleicht überraschen werden. Als Antipasto gibt es bei Antonio übrigens Gambero rosso crudo. Kein Getier schmeckt roh besser.

Antonio steht bei uns am Tisch, ein mächtiger Kerl mit kurzgeschorenem Haar, und entkorkt einen Prosecco. Die Weinbegleitung zu delikatem rohem Getier ist nicht einfach, Schaumwein geht aber eigentlich immer. Ich

wird in Italien bis heute sehr ungern gesehen. In der Novelle »Mario und der Zauberer« sind die Sommererlebnisse der norddeutschen Urlauberfamilie eindrücklich geschildert, wenngleich im wahren Leben der Zauberer seine Kunststücke überlebte.

werfe die Frage auf, wie weit ein Champagner- oder Proseccokorken eigentlich fliegen kann. Laura wirkt interessiert, also referiere ich weiter: Das *Journal of Food Engineering* und die Universität Reims haben dieses Thema untersucht und diverse Parameter gefunden, die den Korken besonders kraftvoll durch die Luft fliegen lassen. Am wichtigsten: Der Schaumwein sollte aus dem Kühlschrank genommen werden und Zimmertemperatur erreichen. Das erhöht den Druck in der Flasche massiv, denn je wärmer die Flasche und deren Inhalt, desto aktiver wird die Kohlensäure. Das kennt man auch von der Cola, die zu lange in der Sonne steht. Small Talk für eure Party: Der Fachbegriff dafür lautet »adiabatische Zustandsänderung«. Wenn nun die Flasche in einem idealen Winkel von 45 Grad ausgerichtet ist, dann liegen die weitesten Korkenflüge bei knapp 22 Metern. Theoretisch sind noch größere Weiten drin, wenn man die Flasche absichtlich erhitzt – aber dann ist auch der Champagner hinüber, und so weit wollte keiner der Wissenschaftler gehen. Übrigens flogen in früheren Zeiten die Korken so oft von den Flaschen, dass Kellermeister eine unheimliche eiserne Schutzmaske trugen – daher hieß Champagner auch lange »Wein des Teufels«. Und: Ein lauter Knall gilt als unschick, in Restaurants sind Sommeliers dazu angehalten, Schaumweine dezent zu öffnen. Der Fachausdruck für die leise entweichende Kohlensäure? »Engelsfurz«. Das (Schaum-)Weinöffnen werde bei meinem Fest ich übernehmen. Und natürlich werde ich jeden Prosecco möglichst laut öffnen, denn ich bin ja kein Sommelier in einem schicken Restaurant.

Noch ein interessanter Fakt: Eva, die für den Saal sowie die Desserts zuständig ist, darunter ihre legendären Tiramisus, und Chefkoch Antonio sind ein Paar, und das ist bemerkenswert, denn nirgendwo gibt es mehr Scheidungen als in der Gastronomie, wie eine dänische Studie mit demografischen Daten aus mehr als zwanzig Jahren mit 102.453 Männern und 113.252 Frauen herausgefunden hat.[34] Für eine besonders stabile Ehe haltet lieber nach Bauern und Bibliothekarinnen Ausschau! Heikles Thema in einer italienischen Familie, findet Laura. Die Scheidungsrate in Italien ist zwar fast so hoch wie überall sonst in Europa, aber für ein unbefangenes Tischgespräch doch nicht geeignet.

Also gut, dann komme ich eben mit der Psychologie um die Ecke: Beim gemeinsamen Essen im Restaurant erleben viele Menschen den Moment der Bestellung tatsächlich als Outing – bei sich und bei anderen. Das zeigte eine Studie, die ein italienischer Kaffeehersteller 2016 in Auftrag gegeben hatte. 80 Prozent aller Befragten gaben darin an, sich beim Bestellen in einer größeren Runde beobachtet und beurteilt zu fühlen. Mit der Folge, dass sie sich dem »Gruppendruck« beugen und danach richten, was die anderen am Tisch bestellen. Klassische Beispiele: Man hat eigentlich Lust auf Steak, bestellt

---

34 Das liegt nicht an den problematischen Arbeitszeiten, sondern am ausgewogenen Anteil von Männern und Frauen im Job – hier ist für beide Seiten die Verführungsgefahr am größten. Umgekehrt sind Männer und Frauen, die in klassischen Männer- und Frauenberufen arbeiten, weniger scheidungsanfällig. Konkret lag die dänische Scheidungsrate im Beobachtungszeitraum bei 45 Prozent und ist gut vergleichbar mit anderen Industrienationen. Die Scheidungsrate bei Männern, die mit vielen Frauen zusammenarbeiten, liegt etwa 15 Prozentpunkte höher als bei Männern, die weitgehend mit Männern zusammenarbeiten, also bei rund 60 Prozent. Bei Frauen, die vielen männlichen Kollegen an ihrem Arbeitsplatz begegnen, ist die Zahl der Scheidungen um 10 Prozentpunkte höher. Auch das Alter spielt eine Rolle, wie die Forscher Caroline Uggla und Gunnar Andersson festgestellt haben: In der Gastronomie arbeiten besonders viele junge Leute.

aber »nur« Fisch, weil alle anderen am Tisch vegetarisch bestellt haben. In der gleichen Studie gaben 52 Prozent der Befragten zu, ihre Mit-Esser tatsächlich danach zu beurteilen, was sie bestellten. 55 Prozent rümpfen zum Beispiel die Nase, wenn ihr Gegenüber viel Zucker in den Kaffee schüttet. Das findet Laura kurios; ihr Selbstbewusstsein ist so unerschütterlich, dass sie sich all das gar nicht vorstellen kann. Außerdem hatte sie ja mich zu erdulden gehabt, der zu Anfang unserer Beziehung nicht nur am Nachmittag Cappuccino trank, sondern den auch noch ordentlich zuckerte.

Das Restaurant füllt sich zusehends, Antonio lässt klassische Klaviermusik laufen. Früher hat Schwiegervater Franco immer gesungen, das war sehr schön. Auch Eva hat eine wunderbare, tiefe Stimme. In jedem Fall gehört Musik dazu, denn dann schmeckt es uns besser. Das glaubt jedenfalls Charles Spence, Psychologe von der Universität Oxford, der sich seit Jahren damit befasst, wie sich Farben (etwa der Teller), Formen (etwa des Bestecks), die Umgebung und die Töne auf unsere Sinne auswirken. »Wenn ich in einem italienischen Restaurant italienische Musik höre, glaube ich doch, soeben sei der Händler mit frischen Tomaten vorbeigekommen.« Sein Credo: Köche müssen die Musik unbedingt miteinbeziehen, wenn sie ein bestimmtes Menü planen. Spence glaubt, dass die Musik das Geschmacksempfinden stärker beeinflusst als bisher bekannt. In einem Versuch gab er Testpersonen ein bittersüßes Schokoladentörtchen und legte dazu unterschiedliche Musik auf. Bei hellen, lieblichen Liedern schmeckten die Probanden das Süßliche heraus, bei tiefen Tönen sprachen sie eher auf die Bitterstoffe in der Schokolade an. Kollegen von

Charles Spence haben übigens herausgefunden, dass klassische Musik Gäste spendabler macht. Sie geben im Schnitt drei Euro mehr aus als bei Pop im Hintergrund. Mögliche Erklärung: Sonaten von Beethoven geben dem Gast das Gefühl, »vornehm und wohlhabend« zu sein, wie Studienleiter Adrian North von der Uni Leicester erklärt. Da sitzt das Geld automatisch lockerer. Kurzum: Ich beschließe, bei meinem Fest ganz dezent klassische Musik laufen zu lassen.

Antonios Pilzrisotto ist köstlich: Die ersten Steinpilze sind angekommen, für mich immer ein sicheres Zeichen, dass der Sommer langsam zu Ende geht und ich an meinen Geburtstag denken muss. Er kommt jetzt mit der riesigen Pfeffermühle an den Tisch, denn etwas Pfeffer macht jedes Risotto noch ein wenig besser. In Restaurants kommen die Pfeffermühlen immer mächtig daher. Gastronomen schätzen die überdimensionalen Mühlen, weil man sie nicht jeden Abend neu auffüllen muss. Außerdem bieten die Bedienungen, so wie Antonio, ihre Hilfe beim Würzen an, und größere Modelle garantieren den respektvollen Abstand zum Gast und zu seinem Gericht. Es ist also nicht nur der Showeffekt. Die ersten Pfeffermühlen wurden 1842 von dem französischen Fahrzeughersteller Peugeot gefertigt – sie sind die ältesten Produkte des Konzerns und noch heute im Angebot. Die größten Modelle, 110 Zentimeter lang, aus Buchenholz und mit Klavierlack überzogen, kosten mehr als 1.000 Euro. Laura nickt. Anekdote genehmigt.

Zum Risotto bestellen wir einen Pinot nero[35], meine Lieblingstraube. Oder, um Weinisch zu sprechen: meine Lieblingsrebsorte. Nur wenige Winzer schlagen sich mit ihr herum, denn sie ist eine verwöhnte Prinzessin im

---

35 Französisch: Pinot noir, deutsch: Spät- oder Blauburgunder.

Weinberg, sie nervt und bockt, wenn etwas nicht nach Plan läuft, im Gegensatz zu robusteren roten Sorten wie Cabernet Sauvignon oder Merlot. Hier im Friaul haben die Familie Gallo (Masùt da Rive) und Silvio Jermann es dennoch gewagt und produzieren absolut umwerfende Weine.

Auch der teuerste Wein der Welt ist ein Pinot noir vom Winzerbetrieb Romanée-Conti aus dem Burgund. Eine Flasche kostet derzeit etwa 25.000 Euro, doch wer ihn kaufen will, muss erstens auf eine Warteliste (das Gut produziert nur rund 5.000 Flaschen im Jahr) und zweitens mindestens eine ganze Kiste erwerben. Nur mit etwas Glück findet man Einzelflaschen im Handel. Was ihn so besonders macht? Das Anbaugebiet von Romanée-Conti liegt in perfekter Höhe (knapp 300 Meter) und in idealer Hangneigung (drei Grad – ein guter Kompromiss zwischen optimierter Sonneneinstrahlung und Verhinderung der Erosion), es ist nach Osten geneigt (sanfte Morgensonne) und sitzt auf gutem Kalkstein, der die Wärme des Tages speichert und nachts an die Pflanze abgibt. Wegen des Mikroklimas sind Fallwinde und Frosteinbrüche selten. Die knapp zwei Hektar von Romanée-Conti gelten damit auch als teuerstes Ackerland der Welt. Dennoch: 25.000 Euro pro Flasche – oder 5.000 Euro pro Glas: Ist er das wirklich wert? Ich habe vor einiger Zeit bei Giorgio Pinchiorri von der Enoteca Pinchiorri in Florenz nachgefragt, dem Restaurant mit der wohl besten Weinkarte der Welt: »Ja, es ist ein außergewöhnlicher Wein«, bestätigt er, »aber bei solchen Weinen geht es auch um den Luxus, ihn sich überhaupt leisten zu können. Schon das allein gibt einigen Menschen Befriedigung.« Zuletzt hatte er einen Tisch von

Geschäftsleuten, die gleich sechs Flaschen bestellten. Ein Fest für die Gäste – und für den Wirt.

Laura blüht bei der Geschichte richtig auf. Schließlich handelt sie ja mit Grundstücken, und die Familie besitzt selbst einen winzigen Weinberg, den sie allerdings an einen Winzer verpachtet hat. Ja, die Romanée-Conti-Geschichte wird mein Ass im Ärmel werden, sollte die Küche in Flammen stehen.

Italienische und kulinarische Rituale

Antonio nahm übrigens vor ein paar Jahren an einer Umfrage teil, die ich unter Köchen in ganz Europa machte, denn ich kenne keinen Berufsstand, der abergläubischer ist. »Ich nehme die erste Order des Abends mit der rechten Hand entgegen, obwohl ich Linkshänder bin«, erzählte mir Roberto Benvegnù. »Ich bekreuzige mich«, sagte Carmine Calò. »Wir begrüßen uns alle per Handschlag«, sagte Bobby Bräuer. »Wenn die erste Bestellung reinkommt, hören wir ›Kashmir‹ von Led Zeppelin«, sagte Tomislav Gretić. »Eine Runde Mau-Mau mit meinen Kindern« spielt Thomas Kellermann. »Ich habe immer eine große Haarspange dabei, egal, wo ich bin«, sagte Anne-Sophie Pic. »Ich bete jeden Morgen«, sagte der selige Heinz Winkler. Nur Deutschlands berühmtester Koch tanzte aus der Reihe: »Kein Ritual«, sagte mir Hans Haas. »Rein in die Küche und Vollgas geben!« Und Antonio? »Beim Betreten der Küche stelle ich immer als Erstes die Flamme für den Fischsud an.«

Und wo wir schon beim Aberglauben am Tisch sind: Besteck nie über Kreuz legen, nie zu dreizehnt an einem Tisch – klar. Da wir tatsächlich oft dreizehn Personen sind, deckt Laura stets für vierzehn ein. Aber wusstet ihr, dass das Salzfass niemals von Hand zu Hand gereicht werden darf, sondern abgestellt werden muss, bevor es der Nebenmann ergreift? Dies erfuhr ich durch den spitzen Schrei meiner Frau, als ich ihr bei einem unserer ersten gemeinsamen Abende das Salzfass in die Hand drücken wollte.

Brot darf nie »umgedreht« (also mit der runden Seite nach unten) auf den Tisch oder in den Korb gelegt werden, denn das bringt Unglück. Dafür gibt es zwei Erklärungen: zum einen, dass das Brot den Leib Christi symbolisiert und daher mit besonderem Respekt zu behandeln ist. Zum anderen soll der Brauch in Frankreich entstanden sein. Die von den örtlichen Gerichten bestellten Henker waren die meistverachteten Menschen in der Gemeinde, niemand wollte mit ihnen zu tun haben. Die Bäcker weigerten sich beispielsweise, ihnen Brot zu verkaufen – und wenn, dann nur jenes von niedrigster Qualität. Daher erließ König Karl VII. ein Gesetz, das die Bäcker dazu verpflichtete, alle Kunden gleich zu behandeln. »Und wenn die Bäcker keine Henker als Kunden haben wollen, dann werden die Bäcker bald Kunden der Henker.« Die stolzen Bäcker verkauften den Henkern sodann das Brot, aber sie reichten es mit einer despektierlichen Geste über den Ladentisch, nämlich mit der Oberseite nach unten.

»Abergläubisch zu sein ist ein Zeichen von Dummheit«, sagte der Autor und Regisseur Eduardo De Filippo einmal. »Aber es nicht zu sein bringt Unglück!«

Das sind doch auch ein paar geeignete Krümelchen für meinen Schwiegervater-Trick.

Bange Frage: Was werden meine Rituale sein? Sollte ich überhaupt welche haben – oder »einfach rein und Vollgas«?

Evas Tiramisu

»Können wir jetzt das Dessert bestellen?«

»Was immer du willst«, sage ich, obwohl ich genau weiß, was meine Frau will. Und den Nachtisch hat sie sich nach meinen ausschweifenden Monologen auch wirklich verdient. Zufälligerweise gilt Evas Tiramisu als das beste der Welt. Oder zumindest Italiens. Jedenfalls ganz sicher Grados. Seit zwanzig Jahren schicke ich Gäste ins Santa Lucia, damit sie das Tiramisu kosten. Und in zwanzig Jahren habe ich keine Beschwerde gehört.

Um die Erfindung des Tiramisu streiten sich die Regionen Venetien und Friaul, was mir sehr gut passt, so sind beide Regionen in der Nachspeise vertreten, die auch ich zaubern werde. Eine Nachspeise übrigens, die so gut und perfekt ausbalanciert ist, dass selbst Spitzenköche nicht um sie herumkommen, sie aber in albernen Varianten anbieten müssen, weil sie sich ein bisschen schämen. Umgekehrt wollen die Gäste eigentlich Tiramisu, schämen sich aber, so etwas Banales zu bestellen. Wie einigen sich Spitzenköche und Gäste? Indem sie Tiramisu anders anbieten, nämlich als »Kaffee-Biskuit-Crumble auf Mascarpone-Bett« oder so ähnlich.

Ich bin jedenfalls froh, dass es Tiramisu gibt, Gnocchi mit Rosinen oder Gubana mit Rosinen und Grappa mag ich nicht besonders – wenn überhaupt, sind das Desserts für den Winter (und so werden sie, gebe ich gern zu, auch im Friaul verkauft). Ich bin Rosinen gegenüber generell abgeneigt, sie sind wie unangekündigter Besuch, der dazu noch mit viel zu lauter Stimme spricht.

Es ist ein stressiger Freitag. Gerade hat ein Gast – kein Italiener, aber auch kein Deutschsprachiger – Pizza mit

Eine Nachspeise übrigens, die so gut und perfekt ausbalanciert ist, dass selbst Spitzenköche nicht um sie herumkommen, sie aber in albernen Varianten anbieten müssen, weil sie sich ein bisschen schämen.

Thunfisch und Zwiebeln bestellt. Schon das ist eine eher gewagte Kombination, aber okay, und dazu wollte er ausdrücklich zeitgleich Spaghetti Carbonara (in der Touristenversion). »Zeitgleich?«, hatte Antonio vorsichtshalber gefragt.

»Zeitgleich«, hatte der Gast genickt.

Und dann wurden dem Gast also zeitgleich die Thunfisch-Zwiebel-Pizza und die Spaghetti Carbonara gebracht. Und was geschah? Der Gast zerschnitt die Spaghetti Carbonara und kippte sie über die Thunfisch-Zwiebel-Pizza. Antonio trat mit Tränen in den Augen zu mir, so wie einst sein Schwiegervater, als ich einen Fisch zu filetieren versuchte.

Antonio ist über diesen Vorfall ernsthaft erschüttert, was viel über Italien und die Beziehung des Landes zum Essen aussagt. »Wenn ich solche Gäste habe, dann muss ich mir auch keine Mühe mehr geben.«

Wir lenken uns von solchen Barbareien mit Evas göttlichem Tiramisu ab. Was macht ihre Zubereitung so besonders? Eva, braungebrannt und in jedwedem Chaos die Ruhe selbst, zuckt mit den Schultern. »Vielleicht, weil ich es *all'espresso* mache?« Sie bereitet es also nicht Stunden vorher vor, wie es in so vielen Internet-Rezepten zu lesen ist. Nein, wenn der Gast Tiramisu bestellt, wird es ganz frisch gemacht.

Also, die Creme wird natürlich vorher zubereitet. Zwei Schüsseln, sagt Eva. In der ersten Eigelb mit Zucker verrühren, in der zweiten Eiweiß fest schlagen. *»Un pizzico di sale«* zum Eiweiß, etwas Salz – das ist ein Geheimnis, das vermutlich keines mehr ist, dennoch hier erwähnt gehört, denn an jede Süßspeise gehört etwas Salz; es ist nicht nur salzig, sondern ein veritabler Geschmacksverstärker. Der Mascarpone[36] kommt zum Eigelb, nicht zum Eiweiß. Und dann wird alles zusammengemixt, fertig ist die Creme.

Kein Rum, generell kein Alkohol, wie in so manchen Rezepten zu lesen ist! Wobei Eva zugibt: In Apulien, ihrer Heimat, kommt bei der Zubereitung ein Schluck San-Marzano-Bitter hinzu – nicht direkt in die Süßspeise, sondern ganz dezent in den Kaffee, und nur in einem *wänzägen Schlock.*[37]

Den Kaffee kocht Eva für jede Tiramisu-Bestellung extra heiß auf und tunkt die Biskuits in den heißen, frischen Espresso. Ihre bevorzugte Biskuit-Marke: Pavesini. Anschließend wird geschichtet. Biskuits, Creme, Biskuits, Creme. Und dann wird alles mit bitterem Kakaopulver bestreut. Ganz einfach eigentlich, oder? Versucht das mal, wenn siebzig Bestellungen reinkommen, wenn das Chaos groß ist, wenn die Nord- und Osteuropäer Pizza mit Carbonara verlangen und noch mehr Bier und noch mehr Hauswein. Ach, Eva, wenn du wüsstest. Alle, die ich zu dir schicke, sind ganz verliebt in dein Tiramisu. Ich bin es sowieso. Aber das weißt du längst.

36 Der Name des Mascarpone soll von einem spanischen Diplomaten stammen, der beim Kosten des sahnigen Weichkäses in der Lombardei »Màs que bueno!« ausgerufen hat.
37 Zusammenhanglose »Feuerzangenbowle«-Referenz.

Triest: Dieser Duft!

Die Frage ist: Wie bekomme ich einen vernünftigen, einem Espresso ähnelnden Kaffee hin, den ich nach dem Essen servieren kann, ohne mich in Grund und Boden zu schämen? Um das herauszufinden, kann es nur einen Ort geben.

Es duftet nach Meer, salzig und muffig und irgendwie gemütlich. Aber es duftet gleichzeitig auch nach Kaffee, schokoladig und verlockend. Das ist hier in Triest kein Trick. Denn Triest liegt am Meer. Und zwar so richtig am Meer. Nicht an einem Inlandshafen, nicht an einem Flussdelta. Den Espresso im Caffè degli Specchi direkt am Hauptplatz Piazza dell'Unità d'Italia trinke ich mit Blick auf die heute ziemlich kabbelige Adria. Wellengang im Mittelmeer? Doch, der kommt vor, gerade hier in Triest, wenn die berüchtigte Bora an Markisen, Dachziegeln und überkronten Zähnen rüttelt.

Die Triestiner Tradition des Essens soll, weil sie so ungewöhnlich ist, hier kurz erklärt werden. Ein *Buffet* ist eine kleine Kneipe, die Ein-Euro-Wein vom Fass ausschenkt und dazu herzhafte Köstlichkeiten serviert. Schon vormittags kehrt man zum *rebechìn* ein, dem deftigen Frühschoppen, und stimmungsvoller lässt sich kaum ins Stadtleben eintauchen, etwa im Da Giovanni direkt am Theater. Das Da Giovanni ist das stimmungsvollste *Buffet*, aber es gibt noch ein paar weitere interessante Orte, etwa das Da Bepi, und im Gran Malabar lässt Krimi-Autor Veit Heinichen seinen Ermittler Proteo Laurenti speisen. Und das muss man erst einmal schaffen, einem Süditaliener wie Laurenti so viel mittägliche Deftigkeit schmackhaft zu machen! Einer wie Laurenti ist mit Triestiner Speisekarten überfordert, wir *tedeschi* hingegen verstehen vieles schnell: Crafen, Cuguluf, Sgnape, dazu gibt es Kaiserfleisch, Gulasch, Palatschinken und Strudel.

Die Tradition des *rebechin* geht auf die Hafenarbeiter zurück, die früh mit dem Ausladen der Schiffe begannen und im Laufe des Vormittags eine Stärkung brauchten. Das vormittägliche Schlemmen mit einem Gläschen Wein heißt auch *merenda triestina,* die sich frei mit dem schönen, leider im Aussterben befindlichen »Gabelfrühstück« übersetzen lässt.[38]

Triest tut der Seele gut, besonders kreative Gemüter fühlen sich hier wohl. Früher waren es Stendhal, Rilke, James Joyce, Umberto Saba und Italo Svevo, heute sind es Claudio Magris, Veit Heinichen oder Susanna Tamaro (die mit dem Kochbuch).

Vielleicht liegt es am Kaffee, denn keine Stadt ist stärker von diesem Getränk geprägt als Triest. Und deswegen bin ich hier, denn ein Espresso nach dem Essen gehört in meiner italienischen Familie dazu.

Dabei waren die Venezianer die Ersten, die mit Kaffee in Berührung kamen. Ein Gesandter brachte die Bohne im Jahr 1570 aus dem Orient mit. Die Signori der Serenissima probierten. Und verzogen angewidert das Gesicht. Sie blieben lieber bei ihrem süßen, dickflüssigen Kakao, der aus dem neu entdeckten Kontinent im Westen kam. Triest dagegen erkannte das Potenzial und monopolisierte den Handel. Das Marketing (»Statussymbol!«, »Wachmacher!«, »Medizin gegen alle Leiden!«, »Aphrodisiakum!«) war erfolgreich, die Kaffeehäuser wurden die Adelspaläste der Kaufleute. Hier durfte zudem frei

---

38 Angeber-Fußnote: In Thomas Manns »Zauberberg« habe ich den Begriff gerade entdeckt.

Der Espresso aus fauchenden Siebträgermaschinen gehört zum Leben wie das Schwätzchen mit dem Barista und der Blick in die rosafarbene *Gazzetta dello Sport.* Erst dann beginnt der Alltag.

geredet werden, hier gärte es, hier versammelten sich auch bald Revoluzzer. Die Kaffeehäuser gaben den Wutbürgern ihre konspirativen Treffpunkte. So versammelten sich im 1830 gegründeten Tommaseo die Irredentisten, die Triest lieber unter italienischer als unter österreichischer Herrschaft sehen wollten (so wie in Venedig im Florian); eine Einstellung, die durchaus lebensgefährlich war. Bald kamen auch die Literaten. »Im Kaffeehaus bist du unter Menschen, aber allein«, heißt es.

Bis heute ist das passende Café in Italien eine Glaubensfrage, genau wie der Fußballverein. Angeblich wechselt man eher den Lebenspartner als den Lieblingsclub, und so ähnlich ist es mit dem Ort des ersten Kaffees am Morgen. Der Espresso aus fauchenden Siebträgermaschinen gehört zum Leben wie das Schwätzchen mit dem Barista und der Blick in die rosafarbene *Gazzetta dello Sport*. Erst dann beginnt der Alltag.

Auch ein Espresso zum Abschluss des Abends ist für viele Italiener heilig, insbesondere für meinen Schwiegervater. Aber wie bekommt man einen wirklich guten Kaffee, eine perfekte ölige Pfütze, einen *God Shot*, wie es die Enthusiasten nennen, mit Bordmitteln hin, also ohne gewaltige Siebträgermaschinen? Denn das Problem, liebe Siebträgermaschinenbesitzer (ja, ich beneide euch, aber lest weiter), ist folgendes: Wichtig ist der Durchlauf. Espressomaschinen müssen ständig in Betrieb sein: »Mindestens fünfzig Espressi pro Tag sollte sie schaffen«, erklärte mir vor ein paar Jahren Enrico Maltoni, der die größte Sammlung von Kaffeemaschinen weltweit besitzt.[39] Einen Porsche jagt man auch nicht zwei Mal auf die maximale Umdrehungszahl und lässt ihn dann in der Garage stehen.

39 Ein Teil seiner schwer beeindruckenden Sammlung ist im neuen MUMAC-Museum bei Mailand (mumac.it) zu besichtigen.

Apropos Auto: Auch wegen der Ausstoßmenge sind die Kaffees an den italienischen Autogrill-Raststätten so unverschämt gut. »*Il buon caffè si beve al bar*«, sagte Maltoni.

Ein kurzer historischer Exkurs: Einst trank man den Kaffee wie Tee; man übergoss das Pulver aus den Bohnen einfach mit heißem Wasser. Manchmal filterte man das Pulver heraus und manchmal nicht. Und unser Bürokaffee war immer schnell schal, kalt, bitter. Wäre es nicht möglich, einen Kaffee *all'espresso* zu machen, frisch und genau dann, wenn der Kunde ihn ordert?

Der erste Geniestreich erfolgte im Jahr 1901 von einem Tüftler namens Luigi Bezzera: Wasser wurde in einem großen Kessel bis zum Verdampfen erhitzt und durch ein Ventil nach draußen entlassen, wo es auf den gemahlenen Kaffee traf. Nicht schlecht, aber immer noch eine ziemlich bittere Angelegenheit, denn das Wasser war meist schon Wasserdampf, und der ist heißer als 100 Grad (wäre er kühler, wäre er ja noch heißes Wasser). Das Kaffeepulver verbrannte, das Getränk schmeckte entsprechend. Aber immerhin: Der Kaffee kam frisch dampfend zu den Kunden. Für die ersten Ungetüme brauchte man ein *patentino*, eine Bedienerlaubnis, und der Bedienende hieß nicht *barista*, sondern *macchinista*, Maschinist. Hin und wieder explodierte ein Kessel.

Erst 1948 hatte Achille Gaggia die Königsidee: Ein Kolben, den der Maschinist mit einem Hebel bediente, brachte ordentlich Druck auf das Wasser, um es durch das Kaffeepulver zu pressen. So musste das Wasser nicht mehr kochend heiß sein, und endlich entstand unter dem Druck von neun Bar die *crema*, die leicht schaumige Espressokrone, die zunächst unter dem Verdacht stand, giftig zu sein – oder zumindest ein Gepansche des Barmanns. »*Con crema naturale*« mussten die Hersteller der Maschinen beschwören.

Aber bei aller Liebe: Diese neun Bar Druck kann ich nicht aufbringen. Zwar hatte ich mir immer eine Siebträgermaschine anschaffen wollen, aber als ich sie mir endlich leisten konnte, traf ich Kaffeemaschinensammler Maltoni, der mir davon abriet. Und deswegen trinke ich meinen Kaffee jeden Morgen in der Bar bei Pino, und so ist das Buch »Meine Bar in Italien«[40] entstanden, aber das ist eine andere Geschichte.

Und deswegen treffe ich in Triest Paolo. Er ist als kleines Kind in einen Kessel Kaffeebohnen gefallen und weiß daher alles, wirklich alles über Kaffee. Während Enrico Maltoni mit seinem technischen Wissen unschlagbar ist, punktet Paolo mit Zunge und Gaumen. Dass er seine Passion zum Beruf gemacht hat, ist typisch italienisch. Er ist Handelsreisender in Sachen Kaffee, vertritt eine mittelgroße Marke und ist für Venetien und das Friaul zuständig. 60.000 Kilometer fährt er im Jahr. Aber am Ende jeder Reise, ob in den Nachbarort oder von Triest nach Treviso, wartet am Ende ein guter *caffè*.

Es ist Anfang August, das Wetter zeigt sich, wie schon den ganzen Sommer, gewittrig. Und auch Paolos Stimmung ist umwölkt.

»Ich war gestern zur Generaluntersuchung bei einem neuen Arzt«, erklärt der große Mann mit den breiten Schultern, gerade sechzig Jahre alt geworden. »Und er fragte mich, seit wann ich denn Diabetes hätte. Was für Diabetes?, fragte ich. Und er: Ja, Sie haben eindeutig Diabetes. Wir müssen mit einer strengen Diät anfangen. Und ich: Aber erst ab September.«

---

40 »Meine Bar in Italien. Warum uns der Süden glücklich macht«. Molden Verlag, Wien 2023.

Eine sehr italienische Antwort, würde ich sagen.

Als Kompromiss hat er heute den Tag mit einem grünen Tee begonnen, was eine freudlose Angelegenheit ist. Und Kaffee ist sicher nicht schuld an seinem Diabetes, er trinkt nur zwei Pfützchen am Tag. Jetzt aber bestellt er einen *caffè*. Was in Italien immer ein Espresso ist und in Triest auch einfach *nero* genannt wird.[41]

Paolo selbst hat keine Siebträgermaschine daheim, sondern nur eine »Moka«, womit diese hübschen, meist silbernen Kännchen gemeint sind, fast immer von der Firma Bialetti, die direkt auf den Herd gestellt werden und das kochende Wasser nach oben durch das Kaffeepulver steigen lassen. Auch wenn das, was aus der Maschine kommt, im deutschen Sprachgebrauch gern Espresso genannt wird, ist es doch in Italien eine eigene Gattung, und das oft benutzte deutsche Wort »Espressokännchen« irreführend. Daher ziehen wir in diesem Buch Moka durch. Kein Espresso, aber auch kein Filterkaffee. Moka eben.

Es gibt, auch das ist typisch Italien, keinen großen, lebensverändernden Tipp, um einen guten Kaffee hinzubekommen. Es sind zwei, drei Details, die entscheidend sind. Paolo empfiehlt, vor allem gemahlenen Kaffee im Kühlschrank aufzubewahren. Bei ganzen Bohnen könne es zumindest nicht schaden. Falls vom Tag gemahlener Kaffee übrig geblieben ist, einfach in ein Plastiktütchen umfüllen und in den Kühlschrank tun.

Was fast immer jeden Kaffee verbessert: natürliches Mineralwasser statt Leitungswasser nehmen. Leitungswasser ist meistens zu kalkhaltig, und die Partikel können

---

41 Triest hat tatsächlich eine eigene Kaffeesprache entwickelt: Ein Caffè macchiato ist ein Capo, ein Cappuccino ist ein Caffè Latte. Latte macchiato hat keinen eigenen Namen. Denn ihr macht euch mit dieser Bestellung weder in Triest noch im Rest Italiens Freunde.

schnell die feinen Filter verstopfen, was dem Kaffee die Wirkung nimmt, erklärt mir Paolo.

Und da haben wir's: Es ist nicht die große Magie. Sondern der Blick für die Kleinigkeiten. Und auch hier zeigt sich die italienische Philosophie, der *materia prima* bedingungslos zu vertrauen und ihr ein bestmögliches Dasein zu garantieren.

***

Am nächsten Tag klingelt das Telefon. Eine unbekannte italienische Nummer. Normalerweise antworte ich nicht bei unbekannten Rufnummern, aber dieses Mal tu ich es. Und das ist ein großes Glück. Denn am Telefon meldet sich Matteo, ein Kollege Paolos. Die Anfrage eines Deutschen nach dem perfekten Kaffee hat in der Rösterei schnell die Runde gemacht, aber vielleicht haben die Kaffee-Enthusiasten ja nur Angst, dass ich in diesem Buch ihr kulturelles Erbe versaue. Jedenfalls: Wenn Paolo schon als ausgesprochener Kenner gelten darf, ist Matteo halb Mensch, halb Kaffeebohne. Für den Lebensmittelchemiker müsste eine Steigerung des Wortes »Leidenschaft« erfunden werden, wenn es um Kaffee geht. Anderthalb Stunden dauert das Telefonat, und noch einmal anderthalb Stunden brauche ich, um meine Notizen in lesbare Form zu bringen. Hier kommen die wichtigsten Stichworte:

»Wenn du bei mir die Schränke öffnest, findest du zwei Dutzend Kaffeemaschinen jeder Art. Aber das gehört wohl zu meinem Beruf dazu.«

»Natürlich kannst du auch einen guten Kaffee ohne Siebträgermaschine machen.«

»Jede Zubereitungsform hat Vor- und Nachteile, aber die Methode, die unsere Tradition des gemeinsamen Genießens[42] am besten trifft, ist das Mokakännchen. Aber das hat dir Paolo ja schon gesagt. Ich selbst habe drei davon daheim, von der Single-Edition bis zur großen Kanne für zehn Personen. Aber die Prinzipien bleiben dieselben.«

»Das Wasser für den Kaffee sollte Zimmertemperatur haben oder sogar leicht angewärmt werden, damit dem gemahlenen Kaffee jeder thermische Stress erspart wird. Das Wasser solltest du bis knapp unter maximalen Füllstand eingießen.«

»Das Kaffeepulver, das genau bis zum Ende des Trichtereinsatzes reichen sollte, darf nicht gedrückt werden und muss schön gleichmäßig gestrichen sein.«

»Keine zu heiße Flamme!«

»Kaffee in den Kühlschrank oder nicht in den Kühlschrank? Keine einfache Frage. Denn der Kühlschrank hilft zwar bei der Bewahrung der Aromen, aber der Kaffee – ob Bohne oder gemahlen – sollte rechtzeitig vor der Zubereitung aus dem Kühlschrank geholt werden, um Zimmertemperatur zu erreichen.«

---

42 Im Original spricht Matteo von »convivialità«, das so schwer zu übersetzen ist wie die »spaghettata«; die von Wörterbüchern vorgeschlagene »Geselligkeit« trifft es nicht genau.

»In den *raccoglitore* (das Kannenoberteil, also das Empfangsgefäß, Anm. d. Autors) solltest du ein paar Tropfen Wasser geben, gerade so, dass der Boden bedeckt ist. Das sorgt dafür, dass die ersten Kaffeetropfen nicht auf das glühend heiße Metall treffen und für unangenehm bittere, verbrannte Noten sorgen.«

»Die Flamme so schnell wie möglich abstellen, wenn die ersten Tropfen aufgestiegen sind.«

»Bitte nie Leitungswasser nehmen, es ist praktisch immer dem natürlichen Mineralwasser unterlegen.«

(Es folgen ein paar komplizierte chemische Begründungen, die das belegen und die ich mit ziemlicher Sicherheit nur unvollständig wiedergeben könnte.)

»Wer mit Milch für einen Cappuccinoschaum arbeiten will, sollte frische Vollmilch nehmen, nur die gibt die perfekte Creme. Wer dagegen einen Schuss kalte Milch bevorzugt, ist mit fettreduzierter Milch am besten beraten. Auch hier: frisch, nicht pasteurisiert.«

»Zucker dient nicht nur zum Süßen, sondern auch als Geschmacksverstärker. Das gilt im positiven wie im negativen Sinn: Schlechter Kaffee wird durch Zucker noch schlechter! Ich plädiere für weißen Zucker, weil alle anderen Zucker und Süßstoffe zu viel Eigengeschmack mitbringen. Ideal sind zwei Gramm Zucker für einen Espresso, das ist etwa ein halbes Tütchen.«

Welche Fragen, lieber Matteo, hätten nach unserem Gespräch denn noch offenbleiben können? *Grazie di cuore!*

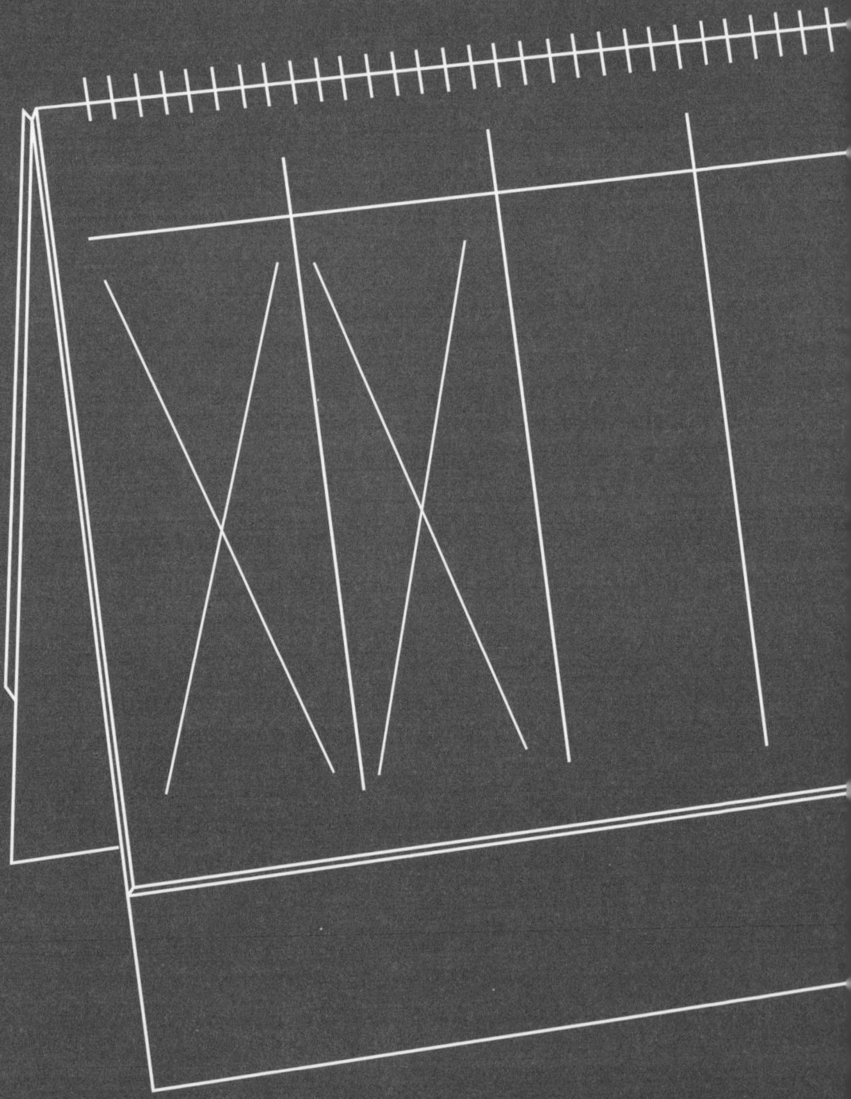

Teil II
Das Fest naht

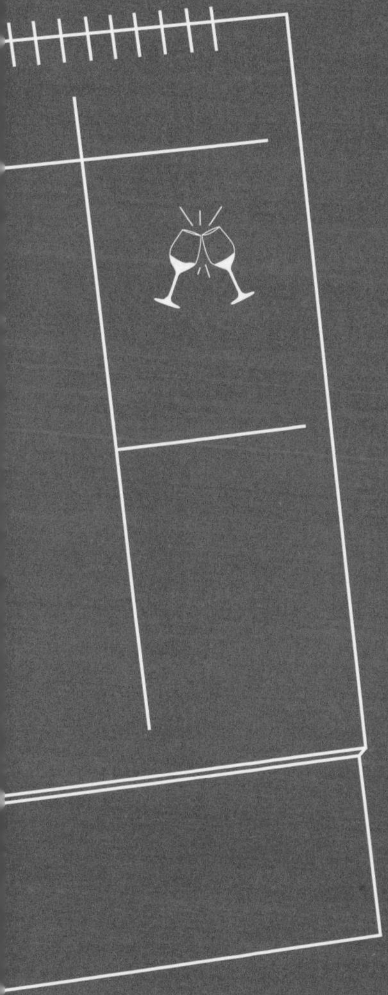

In drei Tagen ist das Fest: Zuspruch von Pino

Ja, jetzt ist das Fest kein fernes Hirngespinst mehr, keine Sache, die man leichthin ignorieren kann. Ich muss loslegen und tue, kurz bevor mich eine leichte Panikattacke schüttelt, das einzig Vernünftige: Ich gehe zum Luftholen in Pinos Bar, wo ich mir links und rechts Bewunderung dafür abholen will, dass ich es demnächst mit einem Stockfisch aufnehmen werde.

Doch dann werde ich Zeuge einer bemerkenswerten Szene. Gerade hat ein Fischer zwei Aale mitgebracht, sehr stattliche Exemplare, anderthalb Kilo und ein Kilo.

Aal muss man nicht nur mögen, man muss ihn auch zubereiten können. Es ist ein ungewöhnlich schwieriger Fisch, mit außerordentlich fettem Fleisch, das nur mit viel Fingerspitzengefühl wirklich auf den Punkt gelingt. Allzu schnell bleibt der Aal roh, oder die Haut verbrennt – und das Fleisch gleich mit. Und so hat Pino seinen Koch Michele zu sich gerufen. Wie gesagt, er ist nicht mehr gut zu Fuß und erledigt sein Leben mehr oder weniger von seinem Stammplatz aus.

Und nun steht also Michele vor ihm, und Pino erklärt ihm, auf seinem Stammplatz mit der TV-Fernbedienung sitzend, in langsamen und klaren Worten, wie die Aale am besten ausgenommen werden, wie sie zerteilt werden und wie sie in der Pfanne braten müssen. Mit kräftigem Olivenöl, Salz, viel Pfeffer, einem Lorbeerblatt – und, ganz wichtig: »zwei Stunden lang auf kleiner Flamme.« Pino spricht auch sehr leise mit dem Koch, fällt mir auf. Michele nickt und verschwindet in der Küche. Pino beugt sich zu mir. »Er ist Sarde«, flüstert er, »ich muss es ihm behutsam sagen, sonst ist er beleidigt.« Diese große Gemütsruhe, die Pino bei diesem kniffligen Rezept vermittelt, ist einmalig. Eine solche Haltung muss ich mir unbedingt aneignen, wenn ich am Herd stehe.

Wie ich schon in »Meine Bar in Italien« geschrieben habe: Jeder braucht seinen Pino. Ich muss für meinen Geburtstag aber mein ganz eigener Pino werden …

Übermorgen ist das Fest: Der Kampf mit dem Stockfisch und Ass Adriano

Ich bin kein geruchsempfindlicher Mensch, aber ein Fisch, der mehrere Monate getrocknet und dann gewissermaßen wieder zum Leben erweckt wird, riecht genau so, wie ihr euch das vorstellt. Nämlich etwa so wie zusammengefegte Innereien, die im Mülleimer des Hinterhofs auf die Abholung warten. Meine fischophobe Tochter läuft schimpfend durch die Wohnung und sucht sich eine Ecke, die nicht von dem wirklich heftigen Geruch ausgefüllt wird.

Aber erst geht es ans Zerkleinern, wie mir Christian geraten hat, denn abgesehen von der leichteren Verarbeitung besitze ich keinen Topf mit 80 Zentimeter Durchmesser. Was mir Christian nicht gesagt hat: Ein Stockfisch ist wortwörtlich ein Brett. Auch die schärfsten Küchen- und Brotmesser scheitern beim Versuch, das Biest küchentauglich zu zerlegen. Eine Säge muss her. Doch in meinem Werkzeugkasten gibt es keine Säge. Ich wühle durch alle Schränke und finde schließlich eine kleine Laubsäge. Die muss es richten. Tut sie auch. Nach zehn Minuten verzweifelten Kampfes ist der Fisch in zwei Hälften zerteilt und passt gerade so in unseren größten Topf. Auch nach dreimaligem Händewaschen rieche ich noch nach Lofoten. Dann lege ich den Baccalà ins Wasser, wo er zwei Tage und Nächte lang weich werden soll.

Dann fahre ich zu Adriano. Adriano ist das letzte Ass, das ich aus dem Ärmel ziehe. Er ist übrigens auch Stammgast bei Pino, im Buch »Meine Bar in Italien« taucht er aber nicht auf – komisch eigentlich, denn er hätte dort perfekt gepasst. Das Gute daran: Ich kann ihn hier ausführlich vorstellen.

Er ist Fischhändler, und sofort haben wir, die Generation Asterix, Klischeebilder von Menschen mit eher grobschlächtiger Physiognomie vor Augen. Aber Adriano ist ein gutaussehender Endfünfziger mit grauen Locken über dem stets tief gebräunten Gesicht. Er ist verheiratet und hat zwei Kinder, die beide gerade mit der Universität fertig geworden sind; sein Sohn hat beim berühmtesten Süßwarenhersteller der Welt Arbeit gefunden – ja, ein Traumjob. Er entwirft immer neues Spielzeug, dass in schokoladige Eierform eingehüllt wird und so die Kinder erfreut.

Adriano arbeitet jeden Morgen von 6 bis 14 Uhr, dann geht es mit den letzten Kunden des Tages zum *aperitivo* ins Zentrum, dann ist sein Werk getan. Er ist, und jetzt wird es heikel, Fischhändler in Monfalcone. Er hat einen festen Stand im *Mercato Coperto* in der Innenstadt, in der zweiten Generation. Ja, Monfalcone, nicht Grado. Denn unser geliebter Fischauktionator Silvano aus Grado ist kurz vor dem Schreiben dieses Buches in den Ruhestand gegangen.[43] Fischkauf ist Vertrauenssache. Dazu kommt, dass unsere befreundeten Fischer aus Grado wie Andrea jetzt im August total leergekauft sind, und ich will auch keinen unserer Freunde in Verlegenheit bringen. Sollen sie alle im August ihre Ware zu angemessenen Preisen an die Restaurants in Grado verkaufen, zumal August nicht die beste Zeit für viele der beliebten Fische und Meeresfrüchte ist. Beispielsweise sind ausgerechnet unsere titelgebenden Vongole, die Venusmuscheln, im Hochsommer

43 Und, kein Witz, just beim Schreiben dieser Zeilen kommt Silvano auf einen Kaffee zu Pino, sieht mich an meinem Stammplatz vorn rechts am Computer sitzen, setzt sich neben mich und tut so, als würde er in die Tastatur hacken – »Ich schreibe für dich weiter, mach du einfach Pause.«

extrem rar. Außer bei Adriano, der nicht nur von Fischern aus Grado, sondern von Fischern aus dem ganzen Golf von Triest bezieht.

Und es geht bei Großprojekten wie dem meinen immer auch um *convenience* – ein schwer übersetzbares englisches Wort, »Bequemlichkeit« ist zu passiv. Es bedeutet einfach, gerade in der Küche möglichst viel mit möglichst geringem Aufwand zu erledigen.

Außerdem habe ich Adrianos Handynummer und könnte ihn sicher anrufen, wenn sich in meiner Küche ein Desaster pompejischen Ausmaßes anbahnen würde.

Bei ihm kaufe ich also Steinbutt für den Boreto und Sardinen für die Sarde in saor. Den Baccalà hätte ich auch bei ihm kaufen können, aber ich wollte unbedingt einen Fisch, der Venezianisch spricht. Bloß gut, dass mir Adriano den Butt nicht im Ganzen mitgibt, was zwar sehr *instagrammable* gewesen wäre, aber er nimmt ein riesiges Metzgerbeil, um den Fisch zu zerteilen. Über ein solch konsequentes Werkzeug verfüge ich daheim nicht.

Adriano ist ein Genussmensch, das sieht man, weil er beinahe liebevoll mit seiner Ware umgeht, und jeder Kunde und jede Kundin bekommt auch noch einen Zubereitungstipp von ihm. Ihr solltet ihn unbedingt einmal an seinem Marktstand in Monfalcone besuchen (ganz durchgehen, hinten rechts). Phil Knight, der Chef von Nike, sagte einmal: »Ich habe Monet nie malen sehen. Aber ich habe Tiger Woods golfen sehen.« Und er hat auch nicht gesehen, wie die Adriano einem Steinbutt zu Leibe rückt, der so groß ist wie die Motorhaube eines Fiat Panda. Die Eleganz der Bewegungen erinnert viel eher an Performance als an Handwerk, dabei mit großer Selbstverständlichkeit und ohne Zauber ausgeführt.

***

Am Nachmittag geht es dann mit Sarde in saor los, und ich bin zufrieden mit mir. Sie sehen auf jeden Fall gut aus, und ich schicke das Foto stolz in der Familien-WhatsApp-Gruppe herum. Dafür kassiere ich ein paar erhobene Daumen. Geht doch! Warnhinweis: Das viele Zwiebelschneiden nimmt die Augen ja schon ordentlich mit, aber wenn dann noch der verdampfende Weißweinessig hinzukommt, dann wird es richtig tränenlastig.

Nach der Fotosession geht es ab in den Kühlschrank. *Amalgamare,* ihr wisst schon.

Meine geheime Gästeliste

Es ist das zweitgrößte Geheimnis der gehobenen Gastronomie: Viele Sternerestaurants führen Gästebücher, in die sie Vorlieben, Macken und Besonderheiten ihrer Stammgäste eintragen, etwa Allergien und typische Sonderwünsche. So wissen beide Brigaden (die Köche und die Kellner), auf was sie sich einlassen – und können schon im Vorfeld punkten. Die Restaurants führen diese Journale mit großer Sorgfalt und tragen dort nützliche Banalitäten ein (»trinkt nur stilles Wasser«, »will immer einen zweiten Brotkorb«), aber auch wenig Schmeichelhaftes: »wird schnell ungeduldig«, »trinkt hastig & viel« etc. Natürlich sind diese Notizen streng geheim und dürfen auch nur von einer Person, meistens dem Maître, ergänzt oder verändert werden.

Zum allererstaunlichsten Geheimnis der gehobenen Gastronomie komme ich später, weil es mir für mein Vorhaben nichts nützt – aber so eine Liste kann durchaus auch mir helfen, damit ich nichts übersehe.

Die strengstens geheime LISTE, die sich im Falle unautorisierten Lesens von selbst zerstört

Schwiegervater:
Hasst langes Warten. Tendiert zu unerlaubtem Nachwürzen und demotivierenden Anmerkungen, möglichst von der Küche fernhalten.

Schwiegermutter:
Spritzt ihren Wein mit kühlem Sprudelwasser, bei über 30 Grad zusätzlich und schmerzbefreit mit Eiswürfeln. (Wettervorhersage beachten!)

Frau:
Brot bis zum Hauptgericht bereithalten und nachfüllen, ohne Brot zählt es für sie nicht als Mahlzeit. Wird ausgesprochen unleidlich, wenn sie hungrig ist. Achtung, abergläubisch![44]

Tochter 1:
Isst keinen Fisch. Daher Frico schon früh anbieten.

Tochter 2:
Gefährlich kritisch, schmeckt jede Prise Salz zu viel – auf die Seite ziehen, ggf. mit dem Versprechen auf Gummibärchen ruhigstellen.

Schwager 1:
Unkomplizierter Esser. Wein stets auf Füllstand halten.

Kinder von Schwager 1:
Der eine trinkt Cola, die andere Sprite.

Schwager 2:
Thema rasch auf Fußball lenken, dann ist das Essen egal.

Frau von Schwager 2:
Ärztin. Achtet auf die Ernährung der Kinder. Frische und Güte der Zutaten betonen!

Kinder von Schwager 2:
Softdrinks und Süßes heimlich in der Küche verabreichen.

---

44 Siehe Seite 136.

Nur ganz kurz, weil ich es sensationsheischend angerissen habe – das größte Geheimnis der Spitzengastronomie lautet: Es gibt in Deutschland, in Österreich und der Schweiz etwa dreißig Spitzenrestaurants, von denen noch nie ein Mensch gehört hat, nicht einmal ausgefuchste kulinarische Experten. Der Grund ist, dass diese Restaurants nicht wollen, dass man von ihrer Existenz weiß. Diese Restaurants bieten erlesenste, raffinierteste Gerichte aus den teuersten Zutaten an und verfügen über Weinkeller mit einer Auswahl, die auch bekannte Sternerestaurants neidisch machen würde.

Was hat es mit diesen unbekannten Gourmettempeln auf sich? Ganz einfach: Alle großen Banken und auch börsennotierten Weltunternehmen führen in ihren Räumlichkeiten solche Spitzenrestaurants, um wichtige Kunden, Politiker und sonstige VIPs zu empfangen. Das hat zwei Gründe: Man kann mit dem Minister eines fremden Landes ja schlecht in die Mitarbeiterkantine essen gehen. Und man kann Manager aus dem Ausland, denen man gerade einen Milliardenauftrag verdankt, schlecht mit Prosecco aus dem Supermarkt abfüllen. Bloß wollen das die Unternehmen nicht an die große Glocke hängen. Denn Aktienbesitzer und auch Normalbürger wären doch sehr verstimmt, wenn ein Unternehmen beispielsweise ein paar tausend Mitarbeiter entlässt, zeitgleich aber ans Licht kommt, dass allein die gehorteten Weine für den Vorstand und seine Gäste eine Million Euro wert sind.

Quelle: Mein Vater hat als Chefkoch eines dieser geheimen Restaurants einer großen deutschen Bank mehr als zwanzig Jahre lang geleitet. Beinahe täglich zu Gast, um seine Ruhe zu haben und einen vernünftigen Rotwein zu trinken: Gerhard Schröder, damals noch niedersächsischer Ministerpräsident.

Morgen ist das Fest: Die Playlist

Gleich zwei Mal fahre ich einkaufen, erst zum Supermarkt fürs Wasser (still und *frizzante*), Kindergetränke (Cola und Sprite) und sonstige Kleinigkeiten, dann kommt das gehobene Zeug vom Markt dazu, von den Pfirsichen für den Bellini bis zu den Zitronen, Zwiebeln, Kartoffeln, den drei Montasios für den Frico, Polenta, Spaghettoni, und wie bereits geschildert gehe ich es Rezept für Rezept an, was dazu führt, dass ich an manchem Stand zwei Mal anstehe. Okay, diese Taktik sollte ich vielleicht ernsthaft überdenken. Aber nicht heute.

Küchenrituale habe ich keine, aber eine Schürze binde ich mir um. Eine Glücksschürze, wenn ihr so wollt. Ich glaube, es ist gut, in eine Art Berufskleidung zu schlüpfen, um sich selbst zu zeigen: Jetzt geht es los.

Und: Beim Mise-en-place bin ich auch recht sorgfältig. Ich stelle mir alles, was ich brauche, griffbereit um den Herd.

Musik? Eigentlich mag ich die Musik der Küche. Die fauchende Gasflamme. Eisen auf Holz, wenn das Messer durch die Zitrone dringt. Das Blubbern und Glucksen des Kochwassers. Das Pfeifen des Kühlschranks, dessen Tür ich elegant im Abdrehen mit dem Fuß schließen wollte, was mir aber nicht gelungen ist.

Aber in diesem Fall bleibe ich ja stundenlang hier an den Herden. Also habe ich mir doch eine Playlist zusammengestellt.

Eigentlich mag ich die Musik der Küche. Die fauchende Gasflamme. Eisen auf Holz, wenn das Messer durch die Zitrone dringt. Das Blubbern und Glucksen des Kochwassers.

Loretta Goggi: »Maledetta Primavera« Guter Einstieg für die Zwiebeln.

Alice: »Per Elisa« Die Achtziger waren schon toll.

Warren G: »Regulate« Bisschen übertriebene Härte, entspannt rübergebracht.

Cesare Cremonini: »Poetica« An die Eleganz des Sängers denken, wenn ich nur noch ein einziger Schweißfleck bin.

Zucchero: »Everbody's Got to Learn Sometime« Das Thema des Buchs.

Mark Knopfler: »Brothers in Arms, live in Berlin 2007« Senkt den Puls.

Green Day: »21 Guns in der Cast-Version« Chorstellen extra lauter.

Richard Wagner: »Rienzi-Ouvertüre« Hohe Konzentration; ideal für den Frico!

Die Liga der gewöhnlichen Gentlemen: »Es ist immer Sommer irgendwo« Hallo, Tim!

Ryan Paris: »Dolce Vita« Da sind sie wieder, die Achtziger!

Oasis: »Don't Look Back in Anger« Hier spielt auch die Lektorin Luftgitarre.

Nena: »Irgendwie, irgendwo, irgendwann« Zum zweiminütigen bombastischen Intro plane ich die Platten an den Tisch zu bringen und die Meute verzückt juchzen zu hören.

The Bangles: »Hazy Shade of Winter« Eigentlich ist das Original von Simon & Garfunkel besser. Aber zwei Wörter für alle Menschen der Achtziger: Susanna Hoffs.

Wham!: »Club Tropicana« Bei den Temperaturen …

Johann Sebastian Bach: »Air« »Als spräche Gott persönlich zu dir«, sagte Justus Frantz einmal. Und Zuspruch kann ich gebrauchen.

Planänderung I

Ich fahre ins Büro meiner Frau und drucke das Geburtstagsmenü mit übertrieben verschnörkelter Schrift in zwanzig Ausfertigungen aus (im Original Italienisch):

Bellini nach dem Originalrezept von Walter Bolzonella, Hotel Cipriani, Venedig

Cicchetti à la Alessandra De Respinis

Sarde in saor, inspiriert von Enrico Vianello, Kapitän der Edipo Re, Venedig

Frico friulano

Spaghetti alle vongole

Originaler Boreto gradese mit Steinbutt

Eis vom Eisweltmeister Massimo Antoniazzi

Caffè

Weinbegleitung: Masùt da Rive, Silvio Jermann und die Lagunenweine von Sergio und Clara Bortolusso

Wer aufmerksam mitgelesen hat, wird sich wundern: Wo ist Evas Tiramisu geblieben? Aber ich musste das Menü ändern, weil etwas Unvorhergesehenes geschehen ist. Nach einem sehr unterdurchschnittlichen Sommer 2023 (wie ihr euch erinnern werdet) beschloss die Wetterfee, hintenraus noch mal richtig zu zaubern. In der dritten Augustwoche, also jetzt, hat sich ein tropisches Hitzehoch über Norditalien geschoben und schenkt uns Temperaturen bis 37 Grad. Bis auf den Frico ist mein Menü recht wetterfest, also auch bei großer Hitze erträglich und köstlich, aber schon beim bloßen Gedanken an Tiramisu, zumal mit frischem Ei zubereitet, bekomme ich einen flauen Magen. Meine Töchter schlagen das Naheliegende vor, die praktische Entsprechung des philosophischen Konzepts von Ockhams Rasiermesser, dass nämlich die einfachste Lösung fast immer auch die beste Lösung sei: Wir brauchen gutes, kühlendes Eis. Und zwar vom Eisweltmeister. Massimo Antoniazzi ist nur Vize-Eisweltmeister, aber ich habe in meinen Beiträgen so oft vom »Eisweltmeister« gesprochen, dass er es jetzt einfach ist, jedenfalls für uns und unsere Freunde – die normative Kraft des Faktischen. Ihr müsst seinen Laden gar nicht lang suchen, stellt euch einfach in die Schlange, die sich schon mal durch die halbe Fußgängerzone ziehen kann. Meine Töchter bestellen das Eis bei ihm nicht kugel-, sondern kiloweise und kommen mit zwei je ein Kilo schweren Boxen heim, gefüllt mit Schokolade, Nuss, Vanille, Stracciatella und Pistazie, seiner Spezialität. Und das war das. *Convenience*, wie schon gesagt. Damit ist der Nachtisch aber so was von einer Bank.

Planänderung II

Und dann scheitere ich doch noch.

Denn es ging einfach nicht mehr. Ich bin überhaupt nicht geruchsempfindlich, schließlich aßen schon meine Großeltern Harzer Roller zum Frühstück, und ich kenne kaum etwas Köstlicheres als Gorgonzola in allen erdenklichen Schimmelstadien. Auch Fischgeruch hat mir noch nie etwas ausgemacht.

Aber es ist eben doch eine schlechte Idee, an den exakt drei heißesten Tagen des gesamten Jahres einen toten Fisch einzuweichen. Unsere Wohnung bekommen wir auch mit voll ballernder Klimaanlage nicht auf unter 26 Grad runtergekühlt, und an eine Aufbewahrung im Inneren war ohnehin nicht zu denken. Also schleppte ich den Stockfisch mit seiner Brühe morgens vom Ost- auf den Westbalkon und am Nachmittag zurück, sodass der riesige Topf wenigstens im Schatten stand. Doch auch dort war es bullenheiß. Und schon das Durchqueren des Wohnzimmers hinterließ eine grauenhafte Geruchsfahne. Die einzige Duftkerze, die wir noch vorrätig hatten und die von meiner ältesten Tochter ostentativ angezündet und in einer Art Privatprozession durchs Wohnzimmer getragen wurde, verströmte Weihnachts-Zimt-Duft, was auch wenig hilfreich war.

Ich hebe ein letztes Mal den Deckel und schaue auf die braune Flüssigkeit. Ich habe immer wieder so viel Eis nachgekippt, wie das Gefrierfach hergab. Aber der Gestank der lauwarmen, bräunlichen Brühe ist so durchdringend, dass mir die Augen tränen. 37 Grad warm wird es auf den Lofoten eben selten.

Es tut mir in der Seele weh, aber ich muss das Projekt

beenden. Völlig ausgeschlossen, dass ich mit diesen beiden Fischhälften auch noch stundenlang arbeiten kann. Vermutlich würde ich selbst noch tagelang nach Baccalà riechen. An den Geruch in der Wohnung, der wohl für Wochen bleiben würde, will ich gar nicht denken. Und der Appetit auf diese Köstlichkeit würde mir für immer vergehen. Ich hätte mich für die nächsten Wochen olfaktorisch in einen 186 Zentimeter großen Stockfisch verwandelt; ein Sozialleben wäre undenkbar geworden.

Und die Dame aus Aquileia, die jeden Samstag die Ferienapartments nebenan herrichtet und meine Verzweiflung sieht, erklärt mir, es sei eine alte italienische Regel: »Wenn du Baccalà machst, hast du in der Wohnung noch einen Monat was davon.«

Als letzter Mittelfinger suppt mir beim Wegkippen der Brühe ein ordentlicher Schwall aufs Bein und durchweicht meine Lieblingshose.

Ich denke an Alessandra De Respinis' eindringlichen Rat, mir den Stockfisch-Aufstrich fertig zubereitet zu besorgen. Aber nach Venedig schaffe ich es nicht mehr. Rezept-Mastermind Christian kann mir nicht helfen. Wie auch? Er hat ja derzeit aus vertragsrechtlichen Gründen kein Restaurant.

Ich rufe Antonio vom Santa Lucia an.

»Hast du noch …?«

Er hat.

Teil III
Das Fest

Das perfekte Geschenk

Zum Geburtstag überraschen mich Laura und die Töchter am Morgen mit einem Kochhemd, auf dem mein Name steht, als sei ich ein Michelin-besternter Chef. Und das gefällt mir. Denn es ist ein echtes Kochhemd mit Druckknöpfen, die einen tieferen Sinn haben: Das Stück musst du dir schnell vom Leib reißen können, wenn ein Ärmel Feuer fängt. Das passiert häufiger, als man denkt – bei 16-Stunden-Tagen in engen Küchen an offenen Feuerstellen.

Ich ziehe es sofort an, und das ist auch gut so, denn der Tag beginnt mit einer zauberhaften Sauerei: Ich zerquetsche die Pfirsiche für den Roccat-Prosecco. Nein, sie sollen ja nicht püriert werden, und ich halte mich konsequent daran. Dann ab in den Kühlschrank mit dem Mus. Ich fahre zu Adriano nach Monfalcone und hole frische Venusmuscheln aus dem Golf von Triest; unser Fischer Andrea ist wie erwartet blank.

Zwölf Uhr mittags komme ich zurück. High Noon. Showdown. Familienduell. Die Sarde in saor sind bereit, und ich bin es auch. Denn jetzt gibt es keinen Rückzieher mehr, und das ist bei aller Nervosität interessanterweise auch ein wenig beruhigend.

Jetzt gibt es keinen Rückzieher mehr, und das ist bei aller Nervosität interessanterweise auch ein wenig beruhigend.

Am Wegesrand: Das Fest ist am Abend.
Und was machen wir zu Mittag?

Natürlich hungern wir, um am Abend umso ausgiebiger zuschlagen zu können. In Italien gibt es ohnehin keine ausgeprägte Mittagstisch-Kultur. Das dürfte, wie so vieles, klimatisch bedingt sein, aber auch kulturell-soziologisch: Am Abend wird ja groß geschlemmt. Ein bisschen Obst oder ein Panino reicht den meisten zu Mittag aus – mit der Ausnahme des sonntäglichen Familienmittagessens, einem Ritual, zu dem sich alle verfügbaren Generationen versammeln und das ein Grund dafür ist, dass viele Landgasthöfe am Sonntagabend geschlossen haben –die Tischgesellschaften bleiben einfach oft bis in den frühen Abend hocken.

In vielen italienischen Städten gibt es dafür eine ganz eigene Streetfood-Kultur mit schnellen Häppchen zur Mittagszeit. In Triest sind es, wie wir vorhin gelernt haben, die mit Kren besprenkelten Schinkenbrote in den *Buffets*, in Venedig die Cicchetti, die sich bei mir als Antipasto in den Abend verschieben. In Florenz gibt es das Lampredotto oder Trippe, beides Rinderinnereien, bevorzugt als Sandwich zubereitet, und in Rom, der Hauptstadt des raschen Happens (und das seit 2.500 Jahren), gibt es die Supplì, Reisbällchen mit allerlei Füllung, darunter Leber und Kalbsbries, in ihrer populärsten Ausführung aber mit Mozzarella. Die Supplì al telefono heißen so, weil der Käse beim Auseinanderziehen des Bällchens Fäden wie Telefonkabel bilden muss. Das Trapizzino ist eine Erfindung des römischen Kochs Stefano Callegari: Dafür wird Pizzateig zu einer Art Eiswaffel geformt und mit allerlei Köstlichkeiten gefüllt, etwa mit pikantem Huhn oder mit Trippe. Im Gegensatz zum Panino, Hamburger oder Döner suppt nichts durch, und köstliche Saucen können üppig verwendet werden. Vor gerade mal zehn Jahren bot Callegari es zum ersten Mal an, und seitdem ist ein Hype darum entstanden, der das Trapizzino über Mailand und Turin bis nach New York gespült hat.

Und wie ich bereits in meinem Buch »Das Italien-Prinzip«geschildert habe, ist Streetfood so alt wie das Römische Reich. Im Jahr 79 brach der Vesuv aus und begrub Pompeji unter sich. Archäologen haben die Ausgrabungen auf Nahrungsmittel untersucht und fanden die typischen Überreste einer mediterranen Diät: Fisch, Obst, Linsen, Getreide, Oliven, Nüsse. Doch sie fanden auch Reste einer metzgerisch fachmännisch aufbereiteten Giraffenkeule. Man entdeckte den Knochen in einem ganz normalen Streetfood-Restaurant. »Selbst Römer, die nicht zur Elite gehörten, hatten einen ansehnlichen, abwechslungsreichen Speiseplan und einen hohen Lebensstandard«, folgerten die Forscher.

Streetfood ist so selbstverständlich, dass es dafür überhaupt keinen italienischen Namen gibt – auch nicht im römischen Dialekt, jenem Idiom, von dem es heißt, er klinge so, als hätte der Sprechende gerade erst einen köstlichen Happen verschlungen und würde ihm nun nachschmecken.

Wichtiger Hinweis: Nennen wir's Streetfood, nennen wir's von mir aus auch Fast Food – aber es wird niemals, niemals im Gehen gegessen! Man genießt an den Stehtischen oder direkt am Tresen oder setzt sich auf die Motorhaube eines beliebigen Autos, das vor der Tür geparkt ist.

Ab in die Küche

Ich muss nur drei Gerichte punktgenau zubereiten: die Spaghetti vongole, den Frico und den Boreto. Der Frico wird das Problemkind, das weiß ich jetzt schon, weil ich die Hand praktisch nicht vom Pfannengriff nehmen kann. Aber das bin ich meiner ältesten Tochter einfach schuldig. Ansonsten fühlt sich alles ganz gut an, auch wenn ich so ein leichtes Prickeln am ganzen Körper verspüre.

Meine Töchter decken dankenswerterweise den Tisch und beschriften die Weingläser mit Namen. Denn italienische Feste zeichnen sich durch hohe Mobilität aus – das Klischee der langen Tafel, an der alle sitzen, wird spektakulär unterlaufen, weil sich die Menschen praktisch nach jedem Gang umsetzen, um mal hier und mal dort zu plaudern.

Meine Frau, die in unserer Familie den Sinn fürs Praktische hat, rät mir, den Boreto schon jetzt zuzubereiten, denn so würden es die Köche in den Inselrestaurants machen. Dann könne alles schön durchziehen, und ein kurzes Aufwärmen reiche dann später. Und so wird's gemacht, und ich rühre auch schon die Polenta an (500 Gramm Polenta, die weiße, langsam in einen halben Liter Wasser einrieseln lassen, sodass nichts verklumpt, dazu einen Teelöffel grobes Salz, eine halbe Stunde rühren – wären doch alle Rezepte so schlicht!). Lauras Tipp mit dem Boreto ist, das sollte sich bald herausstellen, Gold wert. Ich schaffe es sogar, die Knoblauchzehen richtig braun werden zu lassen. Aber so schwarz wie bei Attias – das bringe ich einfach nicht übers Herz. Das muss diese *German Angst* sein.

Dann bereiten meine Töchter die Cicchetti vor, sie haben auch das frische Brot bei Corbatto in der Città giardino eingekauft; ich belasse es übrigens bei zwei Varianten (Baccalà und Alessandras Variante mit Artischockencreme, Kochschinken und Oliven) und werde die Sarde direkt auf dem großen Teller als Fingerfood anbieten, weil mir schon jetzt in diesem frühen Kochstadium klar wird, dass ich den ganzen Straßenzug einladen könnte, und dennoch würde etwas übrig bleiben. Meine Töchter singen derweil bei »Regulate« eine Spur zu gangsterhaft mit.

Die Gäste kommen

Meine Schwiegermutter betritt keinen Raum: Sie macht ihn sich untertan. Sie sieht kaum noch und muss aufpassen, wohin sie die Füße setzt, aber sie weigert sich, einen Stock zu benutzen. Trotz ihrer Gebrechlichkeit ist ihre physische Präsenz beeindruckend.

Sie ist in exzentrische Farben gekleidet, deren Namen ich nicht kenne (Flieder, Purpur, Mauve?) und hier eher freihändig wiedergebe, sie ist jedenfalls das genaue Gegenteil einer graumäusigen Rentnerin. Eigentlich verlässt sie ihre Wohnung nur am Vormittag, wenn sie die Familie zum Kaffee im Manzoni am Hafen empfängt (man kann es nicht anders nennen). Es ist also eine große und seltene Ehre, sie am Abend begrüßen zu dürfen. Sie bezeichnet sich als meinen Personal Shopper und bringt mir zum Geburtstag diverse Hosen und Pullover mit, die ich auf der Stelle anzuprobieren habe, was meinen Zeitplan durcheinanderwirft, außerdem bin ich schon ziemlich befleckt. Aber sie besteht drauf.

***

Dann sind alle Gäste da. Und alle, wirklich alle, stehen in der Küche, plaudern, trinken, naschen, kommentieren, helfen mit. Brot wird geschnitten, Prosecco wird geöffnet, mein Schwiegervater erzählt von den römischen Amphoren, die sie letzte Woche in der Lagune von Grado gefunden haben, denn er kennt den Carabiniere-Maresciallo, der für die Bergung zuständig ist, und wie in einem Reflex greift er mit Daumen und Zeigefinger ins Pfefferfässchen und verteilt eine Prise über die bereitstehenden Vongole, wofür ihm meine Schwiegermutter mit dem Finger droht. Ich schwenke mitten im Chaos die Frico-Pfanne, gieße immer wieder das Fett ab und rufe Anweisungen, auf die niemand reagiert. Es ist laut und heiß, meine Playlist läuft zum x-ten Mal, ist aber längst zu einer kaum wahrnehmbaren Hintergrundmusik geworden. Die Idee mit der klassischen Musik habe ich völlig vergessen.

An eine geregelte Menüfolge ist derzeit nicht zu denken, die Cicchetti werden noch in der Küche verspeist. Antonios Baccalà-Aufstrich ist köstlich und duftet, ja, duftet! Der Bellini ist bei diesen Temperaturen ein Volltreffer, erfrischend, ja geradezu gesund. Die Küche ist voller lieber Menschen, und mein Schwiegervater steht auf Tuchfühlung neben mir, kommentiert und kritisiert.

Ich hatte mir vorgestellt, dass ich die Gerichte von der Küche an den Tisch trage, so wie in einem Hollywoodfilm das Familienoberhaupt zu Thanksgiving den Truthahn. Aber es kommt ganz anders: Das Essen – nein, das ganze Fest! – verlagert sich an den Herd, obwohl ich vorher klar und deutlich angekündigt hatte, dass alle nur sitzen und essen und trinken mögen. Aber alle sind neugierig. Und alle wollen mithelfen, und die Kinder meiner Schwäger flitzen lachend zwischen unseren Beinen hindurch. Keine Ahnung, wie ein Dutzend Menschen in unsere Küche passt, aber irgendwie geht's. Ich muss an das Debüt von »Big Brother« im italienischen Fernsehen im September 2000 denken: Die Produzenten hatten große Schwierigkeiten, die Protagonisten aufeinanderzuhetzen und Streit zu entfachen, wie es den Einschaltquoten ja guttun würde, weil sich die jungen Italiener einfach in die Küche stellten und gemeinsam kochten, was alle

Differenzen gründlich nivellierte.[45] Die Sarde in saor sind geschmacklich in Ordnung, leiden aber etwas unter den zu unregelmäßig geschnittenen Zwiebeln. Da muss ich beim nächsten Mal präziser arbeiten und wirklich perfekte Halbkreise absäbeln. Dafür passt der Friulano von Bortolusso ausgezeichnet dazu. Auch mein Schwiegervater schiebt in einer anerkennenden Geste die Unterlippe vor und nickt.

Ich bin überrascht, wie gut es bislang läuft, und gerade als ich mich selbst dafür lobe, offensichtlich nichts vergessen zu haben, suche ich das Mehl, um den Vongole-Sugo zu binden. Doch in der Schublade, wo wir das Mehl aufbewahren, finde ich nur diverse Pakete mit Zucker und sonstigen unnützen Süßkram. Sollte das möglich sein? Fehlt ausgerechnet Mehl? Ich krame in allen Schubladen. Nichts. Muss ich mal kurz rüber zum Nachbarn?

Dann entdecke ich irgendwo ganz hinten das Weihnachtsgeschenk der örtlichen Bank für meine Frau: ein Do-it-yourself-Pizzabackset mit einem kleinen Päckchen Pizzamehl. Das muss es tun. Und tut es auch. Danke, örtliche Bank!

Die Spaghettoni vongole waren köstlich, mein erster Schwager klopft mir auf die Schulter, und mein zweiter Schwager nennt mich freudig »Stürmer«, ein Spitzname, der sich auf meine vermeintlichen fußballerischen Fähigkeiten bezieht – auf den Spitznamen »Chefkoch« werde ich wohl noch eine Weile warten müssen, aber ganz ausgeschlossen ist die Sache möglicherweise nicht mehr. Die zweite Flasche *vino fermo* wird geöffnet. Der Boreto ist der absolute Höhepunkt. Er schmeckt wie im Restau-

---

45 Wie haben es die Produzenten dennoch geschafft? Mit einem perfiden Trick: Sie erhöhten nach und nach die Raumtemperatur, was für mehr Stress sorgte.

Essen fungiert für Familie und Freunde als soziales Schmiermittel, gewissermaßen als Vorwand, einfach lange mit netten Menschen am Tisch zu bleiben und zu plaudern.

rant, ich kann es fast selbst nicht glauben. Eine interessante sensorische Erfahrung: Obwohl Essig die Hauptzutat ist, schmeckt der Steinbutt überhaupt nicht scharf oder bitter oder eben nach Essig. Es wirkt, als hätte der Essig lediglich den Fischgeschmack verstärkt, sich aber selbst nicht in den Vordergrund gedrängt. Die Fischer, die das Gericht viele Jahrhunderte lang zubereitetet haben, wussten eben, was sie tun.

Die Schwiegereltern sind zufrieden, und meine Frau scheint beinahe stolz auf mich zu sein. Mein Gesicht glüht. Ein bisschen vor Anstrengung, ein bisschen vor tiefer Befriedigung.

***

Ich wusste es ja vorher, aber wenn man selbst kocht, merkt man es doch sehr deutlich: Das Essen ist zweitrangig. Klingt komisch, weil wir doch in Italien sind, aber ich meine damit Folgendes: Essen fungiert für Familie und Freunde als soziales Schmiermittel, gewissermaßen als Vorwand, einfach lange mit netten Menschen am Tisch zu bleiben und zu plaudern. Wenn das Essen keine totale Katastrophe ist, dann spielt es gar keine Rolle, ob es eine simple Pasta ist oder ein stellares Menü. In meinem Bar-Buch erwähnte ich ja schon den wunderbaren, unübersetzbaren Begriff der *spaghettata*: Man trifft sich zum gemeinsamen Pasta-Essen aus einem großen Topf, der in der Mitte des Tisches steht.

Natürlich drehen sich die Gespräche immer auch um die Gerichte, Tipps werden ausgetauscht, ganz unverblümt wird auch vom fehlenden Salz gesprochen (ein Lieblingsthema meines Schwiegervaters – dabei soll er weniger

Salz verwenden, sagt sein Arzt, worauf meine Schwiegermutter und meine Frau auch sehr genau achten).

Aber am Ende, ganz klar, kommt es nicht darauf an, was man isst. Sondern mit wem.

Das liegt vielleicht auch daran, dass Italienerinnen und Italiener gute Köche sind. Schlecht wird man nirgends essen.

***

Es war ein schwieriges Publikum, aber alle wirken satt und zufrieden. Und ich bin es auch. Denn nichts entschädigt mich für den Stress besser als die Hand des Schwiegervaters auf meiner Schulter und der Finger der Schwiegermutter in der Wange (in *ihrer* Wange – es ist diese zauberhafte italienische Geste, bei der man mit dem Zeigefinger in die Wange bohrt und die Hand hin und her rotiert, um zu zeigen, wie köstlich das soeben Gegessene war).

Mein Schwiegervater belehrt mich, dass ich die Sache mit dem Baccalà ganz anders hätte angehen müssen: Er, also mein Schwiegervater, wurde früher von seiner Mutter mit dem bretthartem Stockfisch vor die Tür geschickt, um ihn am Bordstein oder an einem steinernen Blumenkübel regelrecht zu zertrümmern. Diese Bruchstücke stünden dann in mundgerechter Größe zur Weiterverarbeitung bereit. »Einen eingeweichten Stockfisch bekommst du schwerer klein.« Und dann fängt er richtig an zu plaudern. Er ist ein begnadeter Erzähler – auch, weil er einfach viel erlebt hat. Er war zum Ölsuchen in Kanada und auf Einladung der Kommunistischen Partei Italiens im Jahr 1970 bei der großen Oktoberparade in Moskau. (Als er

Aber am Ende, ganz klar, kommt es nicht darauf an, was man isst. Sondern mit wem.

zurückkam, war er von jedweder kommunistischen Idee geheilt.) Kurz danach war er in Sizilien und lernte, nun ja, Menschen kennen, die man nicht unbedingt kennenlernen sollte. Er erzählt, wie er mit dem örtlichen Boss quer über den vollbesetzten Marktplatz fuhr und wie die Standbetreiber eifrig ihre Stände beiseiteschoben, um dem Auto Platz zu machen. »Es war wie im Film«, sagt er. Viele seiner Geschichten kennen wir schon, aber er erzählt sie trotzdem gut und fesselnd.

Meine Frau holt den selbstgemachten Santonego-Grappa hervor. Ich schnuppere mal dran, denn ich trinke keine harten Alkoholika, dafür aber mehr als genug Wein. Und so schenke ich mir einen Pinot nero ein. Nicht von Romanée-Conti, sondern von Masùt da Rive. Schwager 1 schiebt mir sein Glas hin, das ich nachfülle, dann stößt er mit mir an. Das Anstoßen ist in Italien eine ganz seltene Geste und passiert nur in besonderen Momenten – und wäre in all seinen feinen Ausprägungen fast ein eigenes Kapitel wert. In aller Kürze, denn der Abend ist ja noch hektisch genug: Mit diesem Anstoßen will mir Schwager 1 sagen, dass der Abend rundläuft. Stark!

Aber ich darf meine Rolle als Gastgeber nicht vergessen, befülle die Mokakännchen und beachte all die kürzlich gelernten Tricks. Apropos: Zum Anwenden meines Schwiegervater-Tricks bin ich überhaupt nicht gekommen. Das Essen hat offenbar für sich selbst gesprochen. Die Romanée-Conti-Anekdote wäre ich zu gern losgeworden, aber viel interessanter ist, dass die 88-jährige Schwester meiner Schwiegermutter vor wenigen Tagen ihren »Boyfriend« (so nennt ihn meine Schwiegermutter) vor die Tür gesetzt hat, der aber nicht aufgibt, um sie zu buhlen, obwohl ein neuer Boyfriend schon in Sichtweite ist und möglicherweise bald bei der 88-jährigen Schwester einzieht. Das sind natürlich heißere Neuigkeiten und sorgen für besseren Gesprächsstoff.

***

Jede Familie hat Unwuchten im sozialen Gefüge. Unsere auch. Aber am gemeinsamen Tisch wird deutlich, dass die Familie eben Familie ist. Und nennt es, wie ihr wollt: Gruppe, Pulk, Clan, Rudel, Schar, Schwarm, Clique. Am Ende ist es das, was wir alle brauchen. Probleme kommen und gehen. Aber die Familie bleibt. Und der Pinot nero von Masùt da Rive auch.

Dann ist das Fest zu Ende, das Eis ausgelöffelt, der Kaffee serviert (er scheint zu schmecken), der Santonego-Grappa ausgetrunken. Die Verabschiedung zieht sich, denn wenn jeder jeden umarmt hat, wird doch noch mal ein Thema angerissen oder vertieft, das in den Stunden zuvor zu kurz kam, und nach fünf Minuten ist qua Gesetz eine erneute Abschiedsumarmung fällig, jeder mit jedem. So geht es einige Male.

Aber dann wird es im Haus ganz leer und still. Meine Frau und ich räumen das Geschirr in die Küche und befüllen die Spülmaschine. In meinem Kopf brummt es, und es ist nicht der Wein. Ich bin müde und aufgekratzt zugleich.

Und das Kochen? Ich habe es überstanden, und ich würde mir selbst eine Drei plus geben, vielleicht eine Zwei minus.

Es war ein schöner Abend.

Ich würde es wieder tun.

Aber nicht morgen.

Am gemeinsamen Tisch wird deutlich, dass die Familie eben Familie ist. Und nennt es, wie ihr wollt: Gruppe, Pulk, Clan, Rudel, Schar, Schwarm, Clique. Am Ende ist es das, was wir alle brauchen.

Anhang

Noch ein paar faszinierende Fakten für euren ganz persönlichen Schwiegervater-Trick

»Die italienische Geschichte ist so reich an Verweisen und Querverbindungen, dass man ständig Gefahr läuft, auf Umwege zu geraten«, schreibt der Historiker Corrado Augias. Um nicht in Fußnoten zu ersticken, kommt hier eine Sammlung von Geschichten, die ich in den letzten zwanzig Jahren zusammengetragen habe und die sich gut eignen, das Gespräch in Gang zu halten. Was mich gleich zum ersten Fakt bringt: Italiener reden beim Essen am liebsten über das Essen. Auf Platz zwei liegt die Arbeit, auf Platz drei die Kinder. Hier kommt noch mehr:

1 Bei dicken Kellnern bestellen wir mehr: Das hat eine Studie ergeben, die im *Journal of Consumer Psychology* veröffentlicht wurde. Regelrecht geschäftsschädigend sind allzu dünne Kellner.

2 Das »Ius Osculi« war ein antiker römischer Rechtsbrauch, der laut dem Geschichtsschreiber Dionysios von Halikarnassos schon seit der Stadtgründung existierte und von dem auch Plinius berichtete. Das Gesetz legte fest, welche Männer in der Verwandtschaft eine verheiratete Frau küssen durften, etwa die Brüder oder der Vater des Ehemannes. Der Kuss hatte aber keine sinnliche Komponente – zumindest streng nach dem Gesetz –, sondern diente der Kontrolle. Denn Frauen war der Genuss von Wein streng verboten. Wurden sie mithilfe des Kusses überführt, durften sie auf der Stelle und ohne Gerichtsurteil getötet werden. Selbst wenn sie nur den Schlüssel zum Weinkeller bei sich trugen, reichte dies

bereits als Tötungsgrund. Wie viele Frauen tatsächlich umgebracht wurden (und ob die drakonische Regel überhaupt jemals angewendet wurde), lässt sich heute nicht mehr nachweisen. In der Kaiserzeit lockerten sich die Sitten, und auch die Frauen durften zum Wein greifen, was Sittenwächtern wie Valerius Maximus gar nicht passte. Er schrieb im 1. Jahrhundert nach Christus: »Einer Frau, die Wein trinkt, schließt sich die Tür der Tugend und es öffnet sich die Tür des Lasters.«

3 Forscher der Uni Catanzaro haben elf Spitzenköche neuropsychologischen Tests und einer Magnetresonanztomografie unterzogen. Dabei kam heraus, dass deren Gehirne tatsächlich anders aufgebaut sind, aber nicht, was das Geschmackszentrum angeht. Vielmehr sind Bereiche, die für Organisations- und Koordinationsfähigkeit verantwortlich sind, besonders ausgeprägt. Und tatsächlich sind Spitzenköche wahre Organisationsmeister, die in höchstem Stress sekundengenaue Anweisungen geben und gleichzeitig über Stunden vorausschauend handeln müssen. Mittlerweile werden Spitzenköche sogar als Referenten zu Managerschulungen eingeladen.

4 Ein faszinierendes Rätsel: Auf mehreren Fresken und Mosaiken der römischen Antike sind Ananas und Mais zu erkennen. Wie das sein kann, ist bis heute umstritten; sind die Römer möglicherweise bis nach Amerika gekommen? Auch Richtung Osten sollen sich die Römer ausgebreitet haben. Der Oxford-Professor Homer H. Dubs glaubte, dass römische Truppen bis nach China vordrangen, und fand Spuren von ihnen in der heutigen Stadt Zhelaizhai. Allerdings handelte es sich offenbar um Deserteure, die

die Schlacht von Carrhae in der heutigen Türkei gegen die Parther im Jahr 53 v. Chr. überlebt hatten.

5 Garum oder Liquamen ist eine Zutat, die schon kurz auf Seite 34 erwähnt wird, einst das Römische Reich verzückte und in zahlreichen Quellen erwähnt wird, etwa in Apicius' Rezeptsammlung aus dem 1. Jahrhundert. Bloß weiß heute keiner mehr, wie genau diese Zutat herzustellen ist. Bekannt ist, dass es sich um »fermentierte« (also verfaulende) Fische handelt, die offenbar über Monate im Salz verrotten müssen, was eine sirupartige Sauce ergibt, die als herausragender Geschmacksverstärker gilt. Eine Art antikes Maggi. Aber welche Fische genau? Und wie viel Salz? Immerhin gibt es eine erste Spur: In Pompeji wurde eine Garum-Fabrik mitsamt sechs verschlossenen Amphoren gefunden. Nach Analysen scheint dem stark gesalzenen Fisch Dill, Koriander und Fenchel zugefügt worden zu sein. Es wird vermutet, dass römische Garum-Fabriken, die im ganzen Reich freigelegt wurden (etwa in Britannien, Spanien, Nordafrika), den Fisch mehrere Monate reifen ließen. Und dass sich der Fisch von Gebiet zu Gebiet unterschied, dass die Römer also unter verschiedenen Garum-Arten wählen konnten. Wichtig ist der Salzanteil: Zu viel Salz stoppt den Verwesungsprozess, zu wenig fördert Botulismus – der Fisch verrottet also auf widerliche Weise. Ideal scheinen drei Teile Salz, ein Teil Fisch zu sein. Wer mal kosten will: In Süditalien gibt es die Tradition der *colatura*, einer Flüssigkeit aus in Salz fermentierten Sardellen, die dem traditionellen Garum wohl recht nah kommt. Auch die vietnamesische Spezialität Nuoc Mam Nhi, die es im Asia-Shop gibt, ist ein guter Garum-Ersatz. Ist wahrscheinlich bes-

ser für den Familienfrieden, als selbst in der Küche mit verwesendem Fisch zu experimentieren.

6 1574 entstand in Genua die erste Zunft der Nudelmacher, bereits siebzehn verschiedene Pasta-Typen waren bekannt. Und in Rom durften nur Händler mit einer speziellen Lizenz Pasta verkaufen. Wer gegen die Auflagen verstieß, musste mit hohen Geldstrafen und körperlicher Züchtigung rechnen: Zur Auswahl standen Peitschenhiebe, Streckbank, Gefängnis oder Schandpfahl.

7 Laut einer Harvard-Studie sind Menschen, die zwei bis vier Tassen Kaffee am Tag trinken, um 50 Prozent weniger selbstmordgefährdet als jene Menschen, die entkoffeinierten Kaffee bevorzugen oder nur sehr wenig oder gar keinen Kaffee trinken. Die Wissenschaftler werteten verschiedene Studien aus, in denen über Jahre hinweg die Lebensgewohnheiten von mehr als 200.000 Menschen untersucht wurden. Die Forscher glauben, dass Koffein als mildes Antidepressivum wirken kann, das die Produktion von Neurotransmittern wie Serotonin, Dopamin und Noradrenalin erhöht.

8 Italiener lieben beigefarbene Autos, was Psychologen mit den Ernährungsgewohnheiten erklären. Die appetitliche cremefarbene Haube des allgegenwärtigen Cappuccino mag durchaus die Wahl der Autofarbe beeinflussen. In Dänemark sind 38 Prozent aller Autos schwarz, in der Türkei 49 Prozent der Fahrzeuge weiß. Rot und Orange sind besonders in Skandinavien und Osteuropa attraktiv, um im eher grauen Klima ein paar Farbkleckse zu setzen.

9 Italiener geben 17,5 Prozent ihres Einkommens fürs Essen aus, das ist in allen wohlhabenden Industrienationen ein Spitzenwert: Deutschland liegt bei 13 Prozent, die USA bei 9,7 Prozent. Und mit dieser finalen Statistik ist doch wohl alles gesagt.

Literatur

Abulafia, David: »Das Mittelmeer – eine Biographie«, S. Fischer, 2014.

Accademia Italiana della Cucina (Hg.): »La Cucina – Die originale Küche Italiens«, Callwey, 2021.

Artusi, Pellegrino: »La scienza in cucina e l'arte di mangiar bene«, Giunti, 2018 (Erstauflage 1891).

Augias, Corrado: »Die Geheimnisse Italiens – Roman einer Nation«, C.H. Beck, 2013.

Barzini, Luigi: »Gli italiani. Virtù e vizi di un popolo«, Mondadori, 2008 (Erstauflage 1965).

Beard, Mary: »SPQR – Die tausendjährige Geschichte Roms«, S. Fischer, 2016.

Benedetti, Graziano: »Lagune del Friuli-Venezia Giulia«, Magnus, 1994.

Bocuse, Paul: »Die Neue Küche«, Econ, 1978.

Braudel, Fernand, u.a.: »Die Welt des Mittelmeeres«, S. Fischer, 2013.

Cracknell, Deborah: »Die Kraft des Meeres und wie es uns guttut«, Dorling Kindersley, 2019.

Dartnell, Lewis: »Ursprünge – Wie die Erde uns erschaffen hat«, Hanser, 2019.

De Grassi, Martino: »La laguna di Grado«, Edizioni della Laguna, 2004.

De Montaigne, Michel: »Tagebuch einer Reise nach Italien«, Diogenes, 2007 (Originalausgabe: 1585).

De Respinis, Alessandra: »Cicchettario«, ODE On Demand Editions, 2020.

D'Epiro, Peter und Pinkowish, Mary Desmond: »Sprezzatura – 50 Ways Italian Genius Shaped The World«, Anchor Books, 2015.

Dickie, John: »Delizia! Die Italiener und ihre Küche. Geschichte einer Leidenschaft«, S. Fischer, 2008.
Habs, Robert und Rosner, Leopold (Hg.): »Appetit-Lexikon«, Oase Verlag, 1997 (Originalausgabe: Wien, 1894).
Hess, Reinhardt und Sälzer, Sabine: »Die echte italienische Küche«, Gräfe und Unzer, 1990.
Lux, Claudia: »Grado – Lieblingsziel im nahen Süden«, Styria, 2018.
Mafai, Miriam: »Il sorpasso – Gli straordinari anni del miracolo economico 1958–1963«, Mondadori, 1997.
Mallet, Michael und Shaw, Christine: »The Italian Wars, 1494–1559 – War, State and Society in Early Modern Europe«, Routledge, 2014.
Maurer, Golo: »Heimreisen: Goethe, Italien und die Suche der Deutschen nach sich selbst«, Rowohlt, 2021.
Monelli, Paolo: »Spezialitäten der italienischen Küche«, Heyne, 1986 (Originalausgabe: 1934).
Montanari, Massimo: »L'identità italiana in cucina«, Editori Laterza, 2010.
Schweiberer, Kajetan, u.a.: »Von Aal bis Zabaione – Basiswissen für Gourmets«, dtv, 2000.
Standage, Tom: »A History of the World in 6 Glasses«, Bloomsbury, 2005.
Standage, Tom: »An Edible History of Humanity«, Bloomsbury, 2009.
Tavani, Sergio u.a.: »Grado«, Italia Nostra, 1984.
Toussaint-Samat, Maguelonne: »A History of Food«, Blackwell Publishing, 2009.

Werfen wir das Netz aus:
Folgt den Protagonisten dieses Buches!

Instagram
@ediporeboat
@walterbolzonella
@belmondhotelcipriani
@cantinaschiavi
@baccalà_veneto
@panisfizio
@allantarlao
@instralonga
@buch_und_wein (der Autor)

Facebook
Panisfizio
Ristorante Bidin
Enoteca da Pino
Tavernetta All'Androna
Roberto Camuffo
Trattoria Pizzeria Santa Lucia
La Buona Pescheria di Adriano Solidoro a Monfalcone

Der Blog des Autors mit wöchentlichen Italien-News:
www.postausitalien.com

Dank

Mein größter Dank gebührt meiner Frau und meinen Töchtern, die mir wochenlang die Küche unserer Wohnung überließen, obwohl sie nicht wissen konnten, was bei meinen Experimenten herauskommen würde. Ich danke meinen Schwägern Paolo und Piero, die sich ebenfalls für das gesamte Experiment zur Verfügung gestellt haben und sogar ihre Kinder alles essen ließen, das ich zubereitete – ein großer Vertrauensbeweis.

Ich danke dem gesamten Team des Verlages, allen voran Inge Fasan und Ulli Steinwender, die meine Bücher betreuen, zudem Matthias Opis und Elisabeth Stein-Hölzl, die überhaupt erst die Entscheidung trafen, diesen Deutschen in ihr Autorenteam aufzunehmen. Philipp Jongen, Pia Buchner, Elisabeth Freiinger und Alexander Herzlinger tragen meine Werke in die Welt; Georg Lux und Tanja Haser geben mir in der *Kleinen Zeitung* ein Forum mit meiner Kolumne »Post aus Grado«. Deborah Middelhoff lässt mich seit Jahren für den *Feinschmecker* über Genussthemen schreiben; durch sie habe ich viele der bekanntesten Köche Italiens kennenlernen und interviewen dürfen.

Philip Artopé ist der langjährigste Freund, den ich im Journalismus habe. Er gibt mir die Freiheiten, mich auf haarsträubende literarische Abenteuer wie dieses einzulassen. Grazie, Don Filipo!

Stefan Maiwald

lebt mit seiner Frau und seinen zwei Töchtern in Grado. Den Kaffee am Morgen und den Aperitivo am Abend trinkt er gerne in der Enoteca da Pino, über die er den Bestseller »Meine Bar in Italien« geschrieben hat.

Der Autor ist 1971 in Braunschweig geboren und inzwischen Italien-Kenner. Seine Bücher »Wir sind Papa! Was Väter wirklich wissen müssen« und »Das Italien-Prinzip: So geht Glück!« sind allesamt große Publikumserfolge. Sein Blog www.postausitalien.com verzeichnet bereits eine halbe Million Besuche.

Stefan Maiwald schreibt regelmäßig für deutsche und österreichische Zeitschriften, darunter das *SZ-Magazin*, *Merian*, *GQ* und *Feinschmecker*. Für die *Kleine Zeitung* berichtet er regelmäßig aus Grado.

© Heike Bogenberger

Liebe Leserin, lieber Leser,

hat Ihnen dieses Buch gefallen? Dann freuen wir uns über Ihre Weiterempfehlung, Austausch und Anregung unter **post@styriabooks.at**

Inspirationen, Geschenkideen und gute Geschichten finden Sie auf **www.styriabooks.at**

STYRIA
BUCHVERLAGE

ISBN 978-3-222-13729-7

Bücher aus der Verlagsgruppe Styria gibt es
in jeder Buchhandlung und im Online-Shop
www.styriabooks.at

Projektleitung und Lektorat: Inge Fasan/Ulli Steinwender
Cover: Katharina Ralser
Korrektor: Joe Rabl
Layout und Buchgestaltung: Birgit Mayer/
Isabella Schweizer, extraplan
Druck und Bindung: Gerin Druck GmbH, Wolkersdorf
Printed in Austria
7 6 5 4 3 2 1